U0375967

저자 李明晶

◆ 北京 苹果园고등학교 졸업
◆ 北京语言大学 언어문학과 졸업 (전공:대외중국어교육)
◆ 北京语言大学 대외중국어교육대학원 졸업
◆ 중국국가교육위원회 발행 대외중국어교원자격증서 취득

◆ 北京外国语大学 중문대 대외중국어과 전임강사 역임
◆ 韩国 성공회대학교 중어중국학과 원어민교수 역임
◆ 韩国 동국대학교(서울캠퍼스) 중어중문학과 조교수

저서:

《한국인을 위한 중급 중국어회화》 (2001, 동양문고)
《中级汉语会话课本》 (2002, 北京语言大学出版社)
《더블클릭 인터넷 중국어》 (2002, 동양문고)
《对韩汉语口语教程：初级Ⅰ》(2005, 北京大学出版社)
《对韩汉语口语教程：初级Ⅱ》(2006, 北京大学出版社)
《对韩汉语口语教程：中级Ⅰ》(2008, 北京大学出版社)
《对韩汉语口语教程：中级Ⅱ》(2008, 北京大学出版社)

최근의 주요 논문:

《韩国学生“了”的习得过程考察及初中级阶段教学对策》
(2007, 韩国《中国语文学论集》第47号)
《19世纪末至20世纪上半叶韩国汉语教学考——兼论韩国汉语学习者的民族心理背景》
(2007, 中国《国际汉语教学动态与研究》)

北大版新一代对外汉语教材·国别教材系列

DUI HAN HANYU KOUYU JAOCHENG

# 对韩汉语口语教程

## 한국인을 위한 맞춤형 중국어

### 初级 Ⅱ

### 초급 Ⅱ

李明晶 编著
丁永寿 插图

图书在版编目(CIP)数据

对韩汉语口语教程. 初级Ⅱ/李明晶编著. —北京：北京大学出版社，2006. 1
(北大版新一代对外汉语教材·国别教材系列)
ISBN 978-7-301-10366-1

Ⅰ. 对… Ⅱ. 李… Ⅲ. 汉语 - 口语 - 对外汉语教学 - 教材 Ⅳ. H195.4

中国版本图书馆 CIP 数据核字(2005)第 150599 号

书　　　名：对韩汉语口语教程　初级　Ⅱ
著作责任者：李明晶　编著
责 任 编 辑：宋立文
标 准 书 号：ISBN 978-7-301-10366-1/H·1635
出 版 发 行：北京大学出版社
地　　　址：北京市海淀区成府路 205 号　100871
网　　　址：http://www.pup.cn
电　　　话：邮购部 62752015　发行部 62750672　编辑部 62752028　出版部 62754962
电 子 邮 箱：zpup@pup.pku.edu.cn
印　刷　者：北京中科印刷有限公司
经　销　者：新华书店
787毫米×1092 毫米　16 开本　14.25 印张　260 千字
2006 年 1 月第 1 版　2015 年 12 月第 5 次印刷
定　　　价：54.00 元(附 CD 2 张)

# 编写说明

**1** 本书是对韩汉语口语系列教材的第二册，适合具有初步听说能力并已掌握 ***500*** 个左右词汇的韩国汉语学习者使用。

**2** 编写上采用结构、情景和文化相结合的原则。从课文内容、词汇出现的顺序、语法项目的讲解、练习的设计到偏误纠正均体现对韩针对性，尽量做到实用性、趣味性和学习效率的和谐统一。

**3** 在编写体例上，全书一共 ***15*** 课，每课均由生词、课文、注释、练习四个基本部分组成，并穿插一些韩国学习者普遍感兴趣的汉语语言知识，最后附有练习参考答案和词汇索引。

**4** 课文力求贴近韩国人的生活和对华交往，富于话题实用性和情景代表性，并兼顾趣味性。

**5** 生词和语法点均用韩文注释，注意从中韩语言对比的角度帮助学习者轻松理解和把握学习内容。语法项目的展示注意避繁就简、突出重点，对教学量大的语法项目不追求一次性完整讲解，而是化整为零、循环深化，给学生的理解、消化和运用留有余地。

6 练习经精心设计,练习量比一般教材充实和丰富,在很大程度上保证了学习内容的重现率,可以有力诱导学习者利用已学的规则举一反三,做到活学活用。

7 本书配有录音 ***CD***,录音内容包括生词、课文和部分练习题,有助于学生提高听力水平。

8 韩文注释部分由吕炳相先生修订和润色。北京大学出版社宋立文编辑的亲切鼓励和积极支持更是为本书的编写和出版创造了良好的外部条件,在此一并致以深深的谢意。

编　者

# 이책의 짜임새와 특징

**1** 이 책은 한국인을 위한 맞춤형 중국어 회화 교재 시리즈의 제 2 권이다. 이 책의 수준은, 아주 초보적인 중국어 듣기 및 말하기 능력을 갖추었고 아울러 500개 정도의 중국어 어휘를 이해하고 있는 한국 학생이 사용하며 공부하기에 알맞다.

**2** 이 책은 집필과정에서 언어 자체의 구조와 언어를 사용하는 상황 및 언어의 문화적 배경을 서로 결합시켜야 한다는 원칙을 따랐다. 그리고 본문 내용, 새 단어가 출현하는 순서, 어법 설명, 자주 나타나는 오류에 대한 지적 및 연습 문제의 설정에 이르기까지 모두 한국 학생을 위해 맞춘듯이 쓰여졌다. 뿐만 아니라 실용성과 흥미 그리고 학습효과가 동시에 구현되도록 나름대로 힘을 썼다.

**3** 이 책의 체계는 다음과 같다. 모두 15과로 구성되어 있으며, 모든 과에는 새 단어, 본문, 설명 그리고 연습 등 모두 4가지의 기본부분으로 구성되어 있다. 아울러 한국 학생들이 보편적으로 궁금해 하는 중국어 지식이 약간씩 실려 있으며, 제일 뒷면에는 연습문제의 참고답안과 단어 색인을 덧붙여 두었다.

**4** 본문 내용은 한국인의 생활에 가깝게 접근하려고 노력하였으며 가능한 한 중국인과의 교류에서 활용할 수 있는 화제와 있을 법한 상황을 설정하고, 아울러 흥미가 생기게끔 꾸몄다.

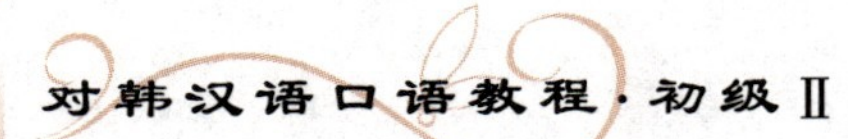


**5** 새단어와 어법상의 요점을 모두 한국어로 번역해두어서, 중국어와 한국어를 대조함으로써 학습자가 손쉽게 학습 내용을 이해하고 파악할 수 있도록 엮었다. 그 밖에도 어법 설명은 번거로움을 피하고 간명함을 취했으며, 요점을 두드러지게 나타내려 하였다. 특히 내용이 많고 설명할 것이 많은 어법은 한꺼번에 다 설명하려 하기보다는 내용을 분산시키고 단계적으로 심화시켜서 학생들이 이해하고 터득하여 운용하는 데에 여유를 가지게끔 엮었다.

**6** 정성을 들여서 충실히 만든 연습 문제는 그 분량이 보통 교재보다 풍부하다. 연습 문제를 통하여 학습한 내용을 빠짐없이 다시 점검하였고, 학습자가 이미 알고 있는 규칙을 새로운 언어 상황에 효과적으로 활용해봄으로써 중국어 능력을 확장해갈 수 있도록 유도하였다. 즉 생동감있게 배우고 효과적으로 활용해볼 수 있도록 엮었다.

**7** 이 책의 내용을 따로 녹음한 CD를 이 책과 같이 독자들에게 내놓았다. 새단어, 본문 그리고 연습 문제 속의 일부 단락이 녹음되어 있다. 학생의 듣기 능력 향상에 도움이 될 것이다.

**8** 한국어로 번역해둔 부분에서, 여병상 선생은 필자가 한국어로 먼저 써둔 것을 점검하고 다듬어 주었다. 그리고 북경대학교출판사의 쑹리원 선생님이 필자를 친절하게 격려해 주시고 적극적으로 지지해 주신 덕분에 이 책을 만들고 출판하게 되었음을 밝히고 싶다. 이분들의 도움에 대하여 깊이 고마움을 표하고 싶다.

# 目 录
## 차 례

# 第一课　自助旅行

Zìzhù lǚxíng

배낭여행

## 生词 Shēngcí 새단어

| | | | |
|---|---|---|---|
| 1. 自助旅行 | zìzhù lǚxíng | | 배낭여행 |
| 2. 暑假 | shǔjià | 명 | 여름방학 |
| 3. 棒 | bàng | 형 | 끝내주다. 신나다 |
| 4. 极了 | jí le | | 아주. 대단히 |
| 5. 趟 | tàng | 양 | 번. 차례(사람이나 차량의 왕래하는 횟수를 나타냄) |
| 6. 呆 | dāi | 동 | 머무르다 |
| 7. 长 | cháng | 형 | 길다(공간적인 거리 혹은 시간적인 간격) |
| 8. 先是 | xiānshi | 부 | 처음에는. 먼저 |
| 9. 短期 | duǎnqī | 명 | 단기 |
| 10. 留学 | liú xué | | 유학(하다) |
| 11. 然后 | ránhòu | 접 | 그 다음에. 그리고 나서 |
| 12. 印象 | yìnxiàng | 명 | 인상 |
| 13. 好玩儿 | hǎowánr | 형 | 재미있다. 놀기가 좋다 |
| 14. 特别 | tèbié | 부 | 너무. 특히 |

| | | | |
|---|---|---|---|
| 15. 劝 | quàn | 동 | 권하다 |
| 16. 机会 | jīhuì | 명 | 기회 |
| 17. 一定 | yídìng | 부 | 반드시. 꼭 |
| 18. 旅游 | lǚyóu | 명 동 | 관광(하다). 여행(하다) |
| 19. 开学 | kāi xué | | 개학하다 |
| 20. 月份 | yuèfèn | 명 | ~월분 |
| 21. 新 | xīn | 형 | 새롭다. 새로운 |
| 22. 学期 | xuéqī | 명 | 학기 |
| 23. 开始 | kāishǐ | 동 | 시작하다 |
| 24. 一样 | yíyàng | 형 | 같다 |
| 25. 第 | dì | 접두 | 제~ |
| 26. 盼 | pàn | 동 | 바라다 |
| 27. 呀 | ya | 조 | 앞에 있는 음절의 모음이 a, e, i, o, ü 로 끝난 경우에 그 영향을 받아 어조사 "啊(a)"가 음이 변한 형태 |
| 28. 男生 | nánshēng | 명 | 남학생 |
| 29. 服兵役 | fú bīngyì | | 군대에 가다. 병역을 치루다 |
| 30. 心 | xīn | 명 | 마음 |
| 31. 里 | lǐ | 명 | 안. 속 |
| 32. 心里不是滋味儿 | xīn li bú shì zīwèir | | 마음속으로 기분이 언짢다 |
| 33. 新疆 | Xīnjiāng | 고유 | (중국의) 신지앙 위구르 자치구 |

## 课文 Kèwén 본문

**1**

A：暑假 过 得 怎么样？
Shǔjià guò de zěnmeyàng?

B：棒 极 了！我 去了 一趟 中国。
Bàng jí le! Wǒ qùle yí tàng Zhōngguó.

A：在 中国 呆了 多 长 时间？
Zài Zhōngguó dāile duō cháng shíjiān?

B：两 个月。先是 在 北京 大学 短期 留学 一个月，然后 跟几个 朋友 一起 自助 旅行，去了 一 趟 新疆。
Liǎng ge yuè. Xiānshi zài Běijīng Dàxué duǎnqī liú xué yí ge yuè, ránhòu gēn jǐ ge péngyou yìqǐ zìzhù lǚxíng, qùle yí tàng Xīnjiāng.

A：你 对 中国 印象 怎么样？
Nǐ duì Zhōngguó yìnxiàng zěnmeyàng?

B：中国 很大，好玩儿 的 地方 特别 多！
Zhōngguó hěn dà, hǎowánr de dìfang tèbié duō!
我 劝 你有机会 一定去 中国 旅游。
Wǒ quàn nǐ yǒu jīhuì yídìng qù Zhōngguó lǚyóu.

## 2

A：你们 什么 时候 开学？
Nǐmen shénme shíhou kāi xué?
B：我们 九月 一号 开学。韩国 的大学也是每 年九月份 新学期 开始吗？
Wǒmen jiǔ yuè yī hào kāi xué. Hánguó de dàxué yě shì měi nián jiǔ yuèfèn xīn xuéqī kāishǐ ma?
A：韩国 跟 中国 不太一样，一般三 月份 开始新学期，九月份 是第二学期。
Hánguó gēn Zhōngguó bú tài yíyàng, yìbān sān yuèfèn kāishǐ xīn xuéqī, jiǔ yuèfèn shì dì èr xuéqī.
B：你盼不盼 开学？
Nǐ pàn bu pàn kāixué?
A：盼呀。但是班 上 很多 男生 都去服兵役了，
Pàn ya. Dànshì bān shang hěn duō nánshēng dōu qù fú bīngyì le,

心里挺不是滋味儿的。
xīn li tǐng bú shì zīwèir de.

## 注释 Zhùshì 설명

### 1 棒极了！ 너무 신났어.

"棒"是一个常用的口语形容词，带赞叹和喜悦的口气，相当于韩语的"끝내주다"或"신나다"。如：

"棒"은 입말(구어)에 잘 쓰이는 형용사이며, 찬탄하거나 무척 기뻐하는 기분을 나타내는 말씨이다. 한국어의 "끝내주다" 띄어쓰기 혹은 "신나다"에 해당한다. 예:

(1) 你的汉字写得真棒！
(2) 你放心，我身体很棒。
(3) 太棒了，这个月我挣了三千美元！

"极了"常附于形容词或动词之后，表示程度很高，相当于韩语的"너무나"或"대단히"。"极了"比"很""挺""非常"表示的程度更高。如：

"极了"는 보통 형용사나 동사 뒤에 붙어서 아주 높은 정도를 나타낸다. 한국어의 "너무나" 혹은 "대단히"에 해당한다. "极了"는 "很","挺" 그리고 "非常"보다 정도가 높은 편이다. 예:

(1) 你说的对极了！
(2) 工作累极了，挣的钱也不多。
(3) 我喜欢她，喜欢极了！

### 2 我去了一趟中国。 난 중국에 한 번 갔다왔어.

"趟"是动量词，主要用于一来一往的动作或车辆。跟"趟"相比，动量词"次"用法更为宽泛，可以重复的动作一般都可以用"次"。如：

"趟"은 동작 양사이며, 주로 사람이나 차량의 왕래하는 횟수를 나타낸다. "趟"과 서로 비교해보면 동작 양사 "次"가 더 광범위하게 쓰이는 편이다. 중복할 수 있는 동작에는 일반적으로 모두 "次"를 쓸 수 있다. 예:

(1) 你来一趟吧，我等你。

(2) 我去了你家两趟,你都不在家。
(3) 你就上这趟车吧。
(4) 我去过一次美国。
(5) 我给他打了三次电话,他都不在。
(6) 她已经得过两次奖学金了。

### 3 在中国呆了多长时间？ 중국에서 얼마동안 머물렀어？

句中的"多"是副词,主要用于疑问句中询问程度或数量,相当于韩语的"얼마나"或"얼마만큼"。如：

여기서 "多"는 부사이며, 주로 의문문에 쓰여서 정도나 수량에 대하여 질문하게 된다. 한국어의 "얼마나" 혹은 "얼마만큼" 에 해당한다. 예:

(1) 你学汉语学了多长时间？—— 我学了一年。
(2) 你今年多大？你爷爷多大年纪？——我十三,爷爷七十六。
(3) 你家离学校有多远？——很近,走一刻钟就到。

### 4 好玩儿的地方特别多！ 재미있는 곳이 너무나 많아！

句中的"地方"读音为"dìfang","方"读轻声。"地方(dìfang)"相当于韩语的"곳""장소"或"공간"。韩语的"지방"相对应的汉语词是"地方(dìfāng)","方"读第一声。如：

여기서 "地方"은 "dìfang"으로 읽어야 한다. 즉 "方"은 경성으로 읽힌다. "地方(dìfang)"은 한국어의 "곳", "장소" 혹은 "공간"에 해당한다. 한국어의 "지방"에 해당하는 중국어 단어는 "地方( dìfāng )"이며, 이 경우 "方"은 제 1 성으로 읽힌다. 예:

(1) 我打工的地方离家很远。
(2) 人太多,没地方住。
(3) 北京的条件当然好,地方(dìfāng)上的条件就不太好了。

"特别"是一个口语中常用的程度副词,跟"很""挺"相比,强调的程度更高,常常带有感叹的口气,相当于韩语的"너무나"或"굉장히"。如：

"特别"는 입말에 잘 쓰이는 정도 부사이며, "很" 및 "挺"에 비하여 더 높은 정도를 강조할 뿐만 아니라 종종 감탄하는 어감을 지니게 된다. 한국어의 "너무나" 혹은 "굉장히"에 해당한다. 예:

(1) 她特别爱吃冰淇淋。
(2) 这个工作特别辛苦。
(3) 听说你来了,我特别高兴!

### 5 韩国跟中国不太一样 한국은 중국과 조금 다르다.

"一样"是形容词,表示没有差别,相当于韩语的"같다"。"A跟B一样"是口语中常用的结构,相当于韩语的"A 가 B와 같다 (같이)"。"跟"可以用"和"代替。如:

"一样"은 형용사이며, 차이가 없음을 나타난다. 한국어의 "같다"에 해당한다. "A跟B一样"은 입말에 잘 쓰이는 구조이며, 한국어의 "A가 B와 같다(같이)"에 해당한다. "跟"을 "和"로 바꾸어서 사용할 수 있다. 예:

(1) 我跟你一样,只在中国短期留学过。
  (我和你一样,只在中国短期留学过。)
(2) 她汉语说得跟我一样好。
(3) 妹妹跟姐姐一样漂亮。

### 6 但是班上很多男生都去服兵役了
그런데 우리 반의 상당히 많은 남학생들이 군대에 가버렸어.

韩国实行义务兵役制,绝大部分身体健康的大学男生都要服两年多的兵役。不少韩国学生称这种情况为"当兵",其实是不恰当的。汉语的"当兵"一般是自愿的,没有强制性,译成韩语为"스스로 지원하여 군인이 되다";但韩国的情况具有国民义务性和强制性,恰当的汉语表达方式为"服兵役"。如:

한국에서는 의무병 제도를 시행하므로 대학에 다니는 대부분의 신체 건강한 남학생은 반드시 군대에 가서 2년 넘게 복무해야 한다. 많은 한국 학생은 이런 상황을 "当兵"으로 부르지만 사실 정확한 말은 아니다. 중국어에서 "当兵"은 보통 스스로 지원하여 군인이 되는 경우이므로 강제성이 없다. 따라서 한국어의 "스스로 지원하여 군인이 되다"란 말에 해당한다. 한국의 경우는 국민이라면 누구나 담당해야 하는 의무성과 강제성을 갖추고 있기 때문에 중국어의 "服兵役"(병역에 복무하다)에 해당한다. 예:

(1) 服兵役可不是什么好玩儿的事,很辛苦的!
(2) 我已经服了两年的兵役了,今年七月就服完了。

## 练习 Liànxí 연습

### 一 回答问题 물음에 대답하세요.

1. 你喜欢自助旅行吗？
2. 你听说过新疆吗？
3. 你觉得北京什么地方比较好玩儿？
4. 你家附近(fùjìn 근처, 부근)什么地方比较好玩儿？
5. 你最近过得怎么样？
6. 你学汉语学了多长时间了？
7. 一般中国的大学一个学期是多少周？韩国的大学呢？
8. 你一般盼不盼开学？

### 二 替换练习 바꾸어서 말하세요.

1.

| | | |
|---|---|---|
| 你想在美国呆<br>去学校一趟得<br>他打电话打了<br>你学英语学了 | **多长时间？** | 我想在美国呆一年。<br>去学校一趟得半个小时。<br>他打电话打了两个小时。<br>我学英语学了六年。 |

2.

| | | |
|---|---|---|
| 你汉语说得<br>他汉字写得<br>你妹妹学习<br>你觉得这个菜味道 | **怎么样？** | 马马虎虎。<br>他汉字写得还不错。<br>她学习很棒。<br>味道好极了。 |

3.

| | | |
|---|---|---|
| 这次的作业跟上次的作业<br>他英语说得跟美国人<br>他和别的男同学<br>这本书跟那本书 | **一样** | 不一样？<br>好。<br>,要去服兵役。<br>贵。 |

4.

| | | |
|---|---|---|
| 我对那个男孩 | | 不错。 |
| 他给我的 | | 是很能吃。 |
| 他给人的第一 | **印象** | 非常好。 |
| 你对我这位师兄 | | 怎么样？ |
| 中国菜给我的 | | 是有点儿油腻。 |

5.

| | |
|---|---|
| 你说 | |
| 是他 | |
| 快吃 | **呀!** |
| 你怎么不去 | |
| 韩国菜真辣 | |

## 三 选词填空 보기에서 골라 빈칸을 채우세요.

| | | | | | | | |
|---|---|---|---|---|---|---|---|
| 盼 | 机会 | 自助旅行 | 暑假 | 新 | 开始 | 短期 | 劝 |
| 月份 | 第 | 一定 | 学期 | 兵役 | 滋味 | 心里 | 开学 |

1. 你汉语说得这么棒,去中国______没问题。
2. 新疆是个好地方,七______咱们一起去那儿旅游,怎么样?
3. 对了,你们学校几月几号______?
4. 这个______课很多,我特别累。
5. 出国的时候,没有人送他,他心里很不是______。
6. 我看,他______很有社会经验。
7. 到北京的______一天见朋友,______二天去故宫,______三天去颐和园。
8. 新学期我想换一个______书包。
9. 听了他的话(huà 말),我______很高兴。
10. 下午两点______上课,两点五十分下课。
11. 每个男生都要服这么长时间的______吗?
12. 生日那天,没有一个朋友送她礼物,她______挺不是______的。
13. 这么好的______,你怎么不去啊?
14. 知道吗? 我们都______你早点儿来!
15. 我______你去中国旅游,中国好玩儿的地方非常多。
16. 这是______留学,只有一个月的时间。
17. ______有两个月的时间,你就在这家超市打工吧。

## 四 模仿例句改写句子 보기와 같이 바꾸어 써보세요.

*A* 例 他先是买了一本韩中词典，……
→ 然后又买了一本中韩词典。

1. 我先是去了一趟日本，……→
2. 我先是给泰雄师兄打了一个电话，……→
3. 我弟弟先是在美国留学一年，……→
4. 回到家，他先是洗了一个澡，……→
5. 他先是去银行换钱，……→

*B* 例 最近我身体不太好。→ 我劝你多运动。

1. 我汉语说得不好。→
2. 下星期就开学了。→
3. 我想去中国旅游。→
4. 我挺爱吃甜的。→
5. 我送她什么礼物好呢？→

*C* 例 最近他很神秘。→ 最近他特别神秘。

1. 校园风景挺漂亮的。→
2. 我等了你很长的时间，但是你没来。→
3. 这个女孩给我的印象非常好。→
4. 他唱歌唱得真好！→
5. 朴老板昨天回来得很晚。→
6. 网吧离食堂这么近！→

## 五 用下面所给的词或词组做造句练习
주어진 단어를 이용하여 문장을 만들어 보세요.

例 我觉得北京烤鸭味道很不错！

| | | |
|---|---|---|
| 北京烤鸭,那个女孩, | 很 | 不错,好吃,好玩, |
| 朴老板,我师姐, | 特别 | 棒,好,爱,喜欢, |
| 这家餐厅,我哥哥, | 真 | 羡慕,对不起,累, |
| 那个人,这个工作, | 挺 | 高兴,可爱,孤单, |
| 打工挣的钱,别的同学, | 非常 | 渴,辛苦,多,少, |
| 那家公司,金老师, | 这么 | 新,漂亮,神秘, |
| 我家,市场,这次考试, | 比较 | 甜,辣,苦,咸,油腻, |
| 那本书,这个电影, | ……极了 | 注意,能,想,远,近 |
| 你送我的礼物…… | 太 | …… |

## 六 模仿例文的形式谈谈你在学校开学时的感受

보기를 모방하여 개학을 맞는 자신의 소감을 이야기해 보세요.

**보기:**

时间过得真快,又开学了。开学的第一天,我很早就来到学校。校园里很热闹,遇见了不少同班同学。见到他们我非常高兴。一个暑假不见,不少女同学变得更漂亮了。听说有几个男生去服兵役了,还有两个同学休学了。

新学期是一个新的开始,我已经是大学二年级的学生了。我对自己说:“智贤,加油！这个学期一定努力学习!”

| | | | | | |
|---|---|---|---|---|---|
| 热闹 | rènao | 시끌벅적하다 | 遇见 | yù jiàn | 만나다 |
| 同班 | tóngbān | 같은 반(학급) | 见到 | jiàndào | 만나게 되다 |
| 变 | biàn | 변하다 | 休学 | xiū xué | 휴학하다 |
| 自己 | zìjǐ | 자신 | 加油 | jiā yóu | 힘을 내다. 파이팅! |

## 七 模仿下面的对话跟同桌谈一下你对自助旅行的看法和你的旅行经验

다음 회화 내용을 모방하여 옆 학생과 배낭여행에 대한 생각을 나누기도 하고 자신의 여행 경험에 대해서도 이야기해 보세요.

A:你去过中国吗?

B：没去过。所以我想问问你，你看我一个人去中国自助旅行可以吗？

A：我觉得不太安全，你是女孩儿，又是第一次去中国，你父母一定不放心。

B：那我就找个朋友一起去。对了，听说你经常去中国旅行，你给我介绍一下中国有什么好玩儿的地方。

A：好玩儿的地方太多了，但你是第一次去中国，就先去北京吧。北京很大，玩儿一个星期也玩儿不完。

B：是吗？我盼着早点儿去北京，看看长城和故宫。

| 所以 | suǒyǐ | 그래서 | 找 | zhǎo | 찾다 |
|---|---|---|---|---|---|
| 先 | xiān | 먼저 | 着 | zhe | ~하고 있다 |

# 第二课 请做一下自我介绍

Qǐng zuò yíxià zìwǒ jièshào

자기소개 좀 해주세요

## 生词 Shēngcí 새단어

| | | | | |
|---|---|---|---|---|
| 1. | 自我 | zìwǒ | 명 | 자기. 자신 |
| 2. | 鼓掌 | gǔ zhǎng | | 박수하다 |
| 3. | 表示 | biǎoshì | 동 | 나타내다. ~뜻을 표하다 |
| 4. | 欢迎 | huānyíng | 동 | 환영(하다) |
| 5. | 热烈 | rèliè | 형 | 열렬하다 |
| 6. | 大家 | dàjiā | 대 | 여러분. 모두(일정한 범위 내의 모든 사람을 가리킴) |
| 7. | 黄金 | huángjīn | 명 | 황금 |
| 8. | 善良 | shànliáng | 형 | 착하다. 선량하다 |
| 9. | 英雄 | yīngxióng | 명 | 영웅 |
| 10. | 水平 | shuǐpíng | 명 | 수준. 실력 |
| 11. | 高 | gāo | 형 | 높다 |
| 12. | 以后 | yǐhòu | 명 | 이후. 앞으로. 나중에 |
| 13. | 指教 | zhǐjiào | 동 명 | 가르치다. 가르침 |
| 14. | 姓 | xìng | 명 동 | 성(씨). 성이 ~이다 |
| 15. | 商量 | shāngliang | 동 | 의논하다. 상의하다 |

| | | | |
|---|---|---|---|
| 16. 件 | jiàn | 양 | 일, 사건, 개체(個體)의 사물 등을 세는 데 사용함 |
| 17. 对……来说 | duì……láishuō | | ~에게는. ~의 입장으로 말하자면 |
| 18. 难 | nán | 형 | 어렵다 |
| 19. 随便 | suíbiàn | 부 | 마음대로. 함부로 |
| 20. 任课老师 | rènkè lǎoshī | | 담당 선생님(교원) |
| 21. 意见 | yìjiàn | 명 | 의견 |
| 22. 谈 | tán | 동 | 이야기하다 |
| 23. 同意 | tóngyì | 동 | 동의하다 |
| 24. 重要 | zhòngyào | 형 | 중요하다 |
| 25. 教室 | jiàoshì | 명 | 교실 |
| 26. 抽烟 | chōu yān | | 담배를 피우다 |
| 27. 应该 | yīnggāi | 조동 | 마땅히 ~해야 한다 |
| 28. 父亲 | fùqin | 명 | 부친. 아버지 |
| 29. 母亲 | mǔqin | 명 | 모친. 어머니 |
| 30. 话 | huà | 명 | 말 |
| 31. 黄善英 | Huáng Shànyīng | 고유 | 황선영(한국인의 성명) |
| 32. 王 | Wáng | 고유 | 왕 (중국인의 성씨) |

## 课文 Kèwén 본문

1

A：同学们，今天班上来了一位新同学。我们鼓掌表示欢迎，怎么样？
Tóngxuémen, jīntiān bān shang láile yí wèi xīn tóngxué. Wǒmen gǔ zhǎng biǎoshì huānyíng, zěnmeyàng?

B、C：好！欢迎，欢迎，热烈欢迎。
Hǎo! Huānyíng, huānyíng, rèliè huānyíng.

D：谢谢大家。
Xièxie dàjiā.

A：请新同学做一下自我介绍，好吗？
Qǐng xīn tóngxué zuò yíxià zìwǒ jièshào, hǎo ma?

D：好的。我来自我介绍一下，我叫黄善英，是韩国人。"黄"是"黄金"的"黄"，"善"是"善良"的"善"，"英"是"英雄"的"英"。认识大家非常
Hǎo de. Wǒ lái zìwǒ jièshào yíxià, wǒ jiào Huáng Shànyīng, shì Hánguórén. "Huáng" shì "huángjīn" de "huáng", "shàn" shì "shànliáng" de "shàn", "yīng" shì "yīngxióng" de "yīng". Rènshi dàjiā fēicháng

高兴！ 我 的 汉语 水平 不 太 高，以后 请 多多
gāoxìng! Wǒ de Hànyǔ shuǐpíng bú tài gāo, yǐhòu qǐng duōduō
指教。
zhǐjiào.

**2**

A：老师，您 贵 姓？
Lǎoshī,nín guì xìng?

B：我 姓 王。 怎么，有 什么 事 吗？
Wǒ xìng wáng. Zěnme, yǒu shénme shì ma?

A：王 老师，您 好！ 我 是 B 班 的 学生 黄 善 英，
Wáng lǎoshī, nín hǎo! Wǒ shì B bān de xuésheng Huáng Shànyīng,
想 跟 您 商量 一 件 事。
xiǎng gēn nín shāngliang yí jiàn shì.

B：什么 事？ 你 说 吧。
Shénme shì? Nǐ shuō ba.

A：我 觉得 B 班 的 课 对 我 来说 太 难 了，我 想 换 班。
Wǒ juéde B bān de kè duì wǒ láishuō tài nán le, wǒ xiǎng huàn bān.

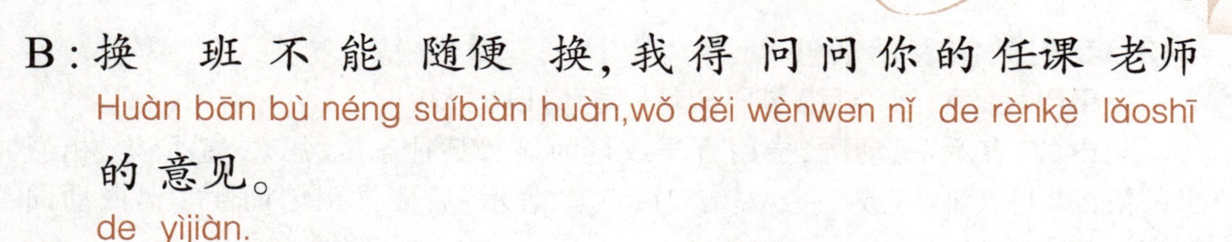

B：换 班 不 能 随便 换，我 得 问问 你 的 任课 老师 的 意见。
Huàn bān bù néng suíbiàn huàn,wǒ děi wènwen nǐ de rènkè lǎoshī de yìjiàn.

A：我 已经 跟 任课 老师 谈 过 了，他 们 同意 我 换 班。
Wǒ yǐjing gēn rènkè lǎoshī tán guo le, tāmen tóngyì wǒ huàn bān.

## 注释 Zhùshì 설명

**1 今天班上来了一位新同学。**

**오늘 우리 반에 새로운 학생 한 명이 왔어요.**

注意句中"来"的位置。如果"来"的人说话人并不认识或虽然认识但不具体介绍姓名，"来"的位置就应该放在人的前面。如：

여기서 "来"의 위치에 주의해야 한다. 화자가 오는 사람이 누구인지 잘 모르거나 알아도 그 사람의 이름을 구체적으로 말하지 않을 경우에는 "来"의 위치는 그 사람 앞에 놓여야 한다. 예:

(1) 商店里来了几个美国人。
(2) 来了一个女孩儿，但我不认识她。
(3) 我们中文系来了一位中国老师。

如果说话人清楚地知道"来"的人是谁或指名道姓，"来"的位置就应该放在人的后面。如：

반면 화자가 오는 사람을 잘 알거나 그 사람의 이름을 말하면서 지적하는 경우에는 "来"의 위치는 사람 뒤에 놓여야 한다. 예:

(1) 那个女孩儿来了吗？
(2) 王老师和金老师都来了。

### 2 我们鼓掌表示欢迎

우리는 큰 박수로 환영의 뜻을 나타냅시다.

句中的"表示"是动词，指用言语或行为显示某种态度、思想、感情等，相当于韩语的"나타내다"或"~뜻을 표하다"。"表示"后面常跟名词性宾语或动词性宾语。如：

여기서 "表示"는 동사이며, 말이나 행동으로 태도, 생각, 감정 등을 나타냄을 가리킨다. 한국어의 "나타내다" 혹은 "~뜻을 표시하다"에 해당한다. "表示" 뒤에 보통 명사목적어나 동사목적어를 갖는다. 예:

(1) 爷爷真的表示过这个意思？

(2) 点头表示同意，摇头表示不同意。

点头 diǎntóu 머리를 끄덕이다

摇头 yáotóu 고개를 젓다

(3) 对你的到来，我们表示热烈欢迎。

### 3 好的。 좋습니다.

"好的"表示同意，语气上比"好"显得更为恭敬和礼貌。同样，在回答中"是的"也比"是"听起来更为恭敬和礼貌。如：

"好的"는 동의를 나타내며, "好"라고 말하는 것보다 어감상 더 정중하고 예의바르게 들린다. 마찬가지로 긍정의 대답인 "是的"도 역시 "是"라고 말하는 것보다 더 정중하고 예의바르게 들린다. 예:

(1) 你帮我买一本汉语词典，好吗？——好的。(좋습니다.)

——好。(좋아.)

(2) 你是北京大学的学生吧？——是的。(그렇습니다.)

——是。(그래.)

### 4 您贵姓？ 당신의 성씨는 어떻게 됩니까？

句中的"贵"是敬辞，主要用于称呼与对方有关的事物，与韩语的"귀"类似。如：

여기서 "贵"는 공경의 뜻을 나타내는 높임말이고, 주로 상대방과 관련된 사물을 일컬어야할 때 쓰인다. 한국어의 "귀"와 비슷하다. 예:

贵国(귀국)　　贵校(귀학교)　　贵公司(귀사)

## 5 我觉得B班的课对我来说太难了

B 반의 수업이 저에게는 너무 어려운 것 같아요.

"对……来说"在口语和书面语中都经常使用，表示从某人或某事物的角度来看，相当于韩语的"~에게는"或"~의 입장으로 말하자면"。如：

"对……来说"는 입말에서 뿐만 아니라 문어에도 자주 쓰인다. 어떤 사람이나 어떤 사정의 관점에서 바라볼 경우만을 한정하여 나타낸다. 한국어의 "~에게는" 혹은 "~의 입장으로 말하자면"에 해당한다. 예:

(1) 对日本学生来说，汉字不太难吧？
(2) 对我来说，现在不想做别的，就想睡觉。
(3) 对这个地方来说，水是一个重要问题。

## 6 换班不能随便换

반 바꾸는 것은 함부로 할 수 없게 되어 있어요.

"随便"是形容词，表示怎么方便就怎么做，不多考虑，相当于韩语的"마음대로"或"함부로"。"随便"中间常插入人称代词，再加上一个"的"，表示按照某人的方便之义。如：

"随便"은 형용사이며, 편한 대로 하거나 이것저것 고려하지 않고 제멋대로 하는 것을 나타낸다. 한국어의 "마음대로" 혹은 "함부로"에 해당한다. "随便"은 자주 이 두 한자 중간에 인칭대명사를 끼워넣고 다시 또 "的"를 더 넣는 경우가 있는데, 그럴 경우는 그 사람의 행동에 제한을 두지 않음을 나타낸다. 예:

(1) 教室里不能随便抽烟。
(2) 这不是在你自己家里，你说话别太随便。
(3) 随你的便，你不想来就别来。
(4) 随他的便，他不去也没关系。

## 7 我得问问你的任课老师的意见。

당신을 담당하는 선생님의 의견을 물어보아야 하겠어요.

句中的"问问"是动词"问"的重叠形式，含有尝试的意思，一般用于尚未发生或尚未完成的动作，相当于韩语的"~해 보겠다"或"~해 보세요"。单音节动词的重叠形式为"AA"(如：问→问问)，且第二个音节读轻声(如：问问→wènwen)。双音节动词的重叠形式为"ABAB"(如：介绍→介绍介绍)。如：

여기서 "问问"은 "问"의 중첩구조라 하며, 시도해 보겠다는 뜻을 나타낸다. 보통 아직 발생하지 않은 행동이나 아직 완성되지 않은 행동에 쓰인다. 한국어의 "~해 보겠다" 아니면 "~해 보세요"에 해당한다. 단음절동사의 중첩구조는 "AA"(예: 问→问问) 이며 두 번째 음절은 경성으로 읽힌다(예:问问→wènwen). 쌍음절동사의 경우는 중첩구조가 "ABAB"(예: 介绍→介绍介绍)이다. 예:

(1) 我想跟你谈谈这个问题。
(2) 你说说你的意见。
(3) 你来介绍介绍你们学校。
(4) 我想学习学习你的经验。

## 练习 Liànxí 연습

### 一 替换练习 바꾸어서 말하세요.

1.

| | | |
|---|---|---|
| 我们班上新<br>公司里<br>网吧里<br>家里 | 来了 | 几个朝鲜族同学。<br>两个新职员。<br>几个高中生。<br>一个中国朋友。 |

2.

| | | |
|---|---|---|
| 陈先生<br>那个女孩儿<br>大家都<br>金老板 | 表示 | 同意跟你见面。<br>很想去美国留学。<br>欢迎你来我们公司。<br>他想要一个有工作经验的人。 |

3.

| | | | |
|---|---|---|---|
| 对 | 中国<br>朴老板<br>我<br>一个高三的学生<br>中文系的学生 | 来说, | 人口的问题很重要。<br>他感兴趣的是怎么挣钱。<br>重要的是积累社会经验。<br>现在应该好好学习,考一个好大学。<br>汉语水平考试(HSK)比较重要。 |

4.

| | | |
|---|---|---|
| 我要跟父亲 | 商量 | 一下出国的事。 |
| 你跟你母亲 | | 过这件事吗？ |
| 这是秘密，当然不能跟别人 | | 。 |
| 在咖啡厅打工的事你可以跟我哥哥 | | 一下，我觉得没问题。 |

5.

| | | |
|---|---|---|
| 请你 | 谈 | 谈你的意见。 |
| 上星期我跟他 | | 过，他不同意。 |
| 大家什么都可以 | | ，我想听听你们的心里话。 |
| 几个男生 | | 的是服兵役的事。 |

## 二 选词填空　보기에서 골라 빈칸을 채우세요.

| | | | | | | | |
|---|---|---|---|---|---|---|---|
| 水平 | 任课老师 | 件 | 鼓掌 | 姓 | 英雄 | 善良 | 黄金 |
| 高 | 话 | 重要 | 应该 | 父亲 | 抽烟 | 教室 | 热烈 |

1. 大家鼓掌很_______，这表示大家很欢迎你。
2. 你的英语_______怎么样？
3. 我们的________是一位男老师，_______李。
4. 安重根(Ān Zhònggēn 안중근)是韩国的民族(mínzú 민족)_______。
5. 这个女孩儿很可爱，也很_______。
6. 这是一个很大的_______市场，你想不想进去看看？
7. 一年了，哥哥没给家里打电话，_______心里很不是滋味儿。
8. 男人一般对_______的女人印象不太好。
9. 我的日语水平不_______，听不懂这个日本人的话。
10. 这_______礼物是男朋友送给我的。
11. 他唱歌唱得很好，我们都给他_______。
12. 他们是韩国人，说的是韩国_______。
13. 两支圆珠笔八块，你_______找我两块。
14. 身体很_______，身体不好就不能干这个工作。
15. 他现在在________里学习英语呢。

## 三 模仿例句改写句子 보기와 같이 바꾸어 써보세요.

A 例 你欢迎我们吗？(热烈)→ **欢迎,欢迎,热烈欢迎**。

1. 你和他一起去安全吗？(非常)→
2. 北京烤鸭好吃吗？(极了)→
3. 金老板最近忙不忙？(特别)→
4. 你今天晚上请客不请客？(当然)→

B 例 你姓什么？→ 您**贵**姓？

1. 你们公司听说这件事了吗？→
2. 请告诉我们你们学校学生的出国时间。→
3. 你们国家给我的印象非常好。→

C 例 我可以换班吗？→ **不能随便**换班。

1. 我可以在这儿打电话吗？→
2. 上课的时候可以吃东西吗？→
3. 教学楼里可以抽烟吗？→
4. 我可以告诉他们你的电话号码吗？→

D 例 我自我介绍一下。→ 我**来**自我介绍一下。

1. 我唱一支中国歌。→
2. 我帮你做这件事。→
3. 我买面包和饮料。→
4. 我给奶奶洗澡。→

E 例 去以前我要跟母亲商量一下。
→ 去以前我要跟母亲**商量商量**。

1. 我想谈一下这个大家都感兴趣的问题。→
2. 你看一下这本书吧,挺好的。→

3. 暑假我有时间，可以学一下电脑。→
4. 你来介绍一下你这几位师弟和师妹。→

## 四 整理句子　다음 문장을 정리해 보세요.

**例** 过 我 谈 跟 已经 任课老师 了
→ 我已经跟任课老师谈过了。

1. 的 父亲 来说 意见 很 对我 重要
   →

2. 件 同意 你 事 这 应该
   →

3. 的 他 话 北京 是 说
   →

4. 个 教室 二十 里 留学生 有 一共
   →

5. 有点儿 课 我 英语 觉得 难
   →

6. 多 以后 多 指教 黄先生 请
   →

## 五 模仿课文里的形式做一下自我介绍，并重点介绍一下自己的名字

본문 내용을 모방하여 자기소개를 한번 해보세요. 특히 자신 이름에 중점을 두어 설명해 보세요.

**自我介绍**

________好！我来做一下__________(我来自我介绍一下)，我的名

字叫＿＿＿＿，“＿＿”是＿＿＿＿＿＿＿＿＿＿＿＿＿＿＿＿＿＿，
“＿＿”是＿＿＿＿＿＿＿＿＿＿＿＿＿＿＿＿＿＿＿＿＿＿，
“＿＿”是＿＿＿＿＿＿＿＿＿＿＿＿。我是＿＿＿＿＿人，认识
＿＿＿＿＿＿＿＿＿！我的汉语水平＿＿＿＿＿＿＿＿＿＿，以后
请＿＿＿＿＿＿＿。

## 한국 사람은 어떻게 하여야만 자신의 한자 이름을 중국 사람에게 분명하게 알려주게 되는가?
## 韩国人如何将自己的汉字姓名清楚地告诉中国人？

중국어 중에서 발음이 똑같은 한자가 너무나 많기 때문에 남에게 자기의 이름을 정확하게 기억시키려면 반드시 보충적인 설명을 할 필요가 있다. 한국인 이름에 잘 쓰이는 한자를 하나하나 예로 삼아 다음과 같이 보충적인 설명을 덧붙여 보았다. 참고가 되기를 바란다:

汉语中同音字相当多，所以要让别人准确记住自己的名字，就必须进行附加说明。现就韩国人姓名中常用的汉字例释如下，以供参考：

### 姓

金（김 Jīn）：“金”是“黄金”的“金”
李（이 Lǐ）：“李”是“木子李”（mù zǐ lǐ）
朴（박 Piáo）：“朴” 跟 “朴素”的“朴”是 同 一 个 汉字
“Piáo”gēn“pǔsù” de“pǔ”shì tóng yí ge Hànzì
姜（강 Jiāng）：“姜”是“姜太公”（Jiāng Tàigōng）的“姜”
具（구 Jù）：“具”是“工具”（gōngjù）的“具”
权（권 Quán）：“权”是“权利”（quánlì）的“权”
罗（나 luó）：“罗”是“罗马”（Luómǎ）的“罗”
卢（노 lú）：“卢”是“卢沟桥”（Lúgōu Qiáo）的“卢”
柳（류 Liǔ）：“柳”是“柳树”（liǔshù）的“柳”
闵（민 Mǐn）：“闵” 是 “怜悯” 的 “悯” 去掉 左边 的 竖心旁
“Mǐn”shì“liánmǐn”de“mǐn”qùdiào zuǒbiān de shùxīnpáng

白(백 Bái):"白"是"白色"(báisè)的"白"
徐(서 Xú):"徐"是"徐州"(Xúzhōu)的"徐"
石(석 Shí):"石"是"岩石"(yánshí)的"石"
孙(손 Sūn):"孙"是"孙悟空"(Sūn Wùkōng)的"孙"
宋(송 Sòng):"宋"是"宋朝"(Sòngcháo)的"宋"
申(신 Shēn):"申"是"申请"(shēnqǐng)的"申"
安(안 ān):"安"是"平安"(píng'ān)的"安"
梁(양 liáng):"梁"是"栋梁"(dòngliáng)的"梁"
严(엄 Yán):"严"是"严肃"(yánsù)的"严"
吕(여 Lǚ):"吕"是"双口吕"(shuāng kǒu lǚ)
吴(오 Wú):"吴"是"口天吴"(kǒu tiān wú)
尹(윤 Yǐn):"尹" 是 "伊甸园" 的"伊" 去掉 单立人
"Yǐn"shì"Yīdiànyuán"de"yī" qùdiào dānlìrén
林(임 Lín):"林"是"森林"(sēnlín)的"林"
张(장 Zhāng):"张"是"弓长张"(gōng cháng zhāng)
全(전 Quán):"全"是"十全十美"(shíquánshíměi)的"全"
郑(정 Zhèng):"郑"是"郑国"(Zhèngguó)的"郑"
丁(정 Dīng):"丁"是"甲乙丙丁"(jiǎ yǐ bǐng dīng)的"丁"
赵(조 Zhào):"赵"是"赵国"(Zhàoguó)的"赵"
陈(진 Chén):"陈"是"耳东陈"(ěr dōng chén)
车(차 Chē):"车"是"汽车"(qìchē)的"车"
崔(최 Cuī):"崔" 是"催促"的 "催" 去掉 左边 的单立人
"Cuī"shì"cuīcù" de "cuī" qùdiào zuǒbiān de dānlìrén
河(하 Hé):"河"是"黄河"(Huáng Hé)的"河"
许(허 Xǔ):"许"是"允许"(yǔnxǔ)的"许"
洪(홍 Hóng):"洪"是"洪水"(hóngshuǐ)的"洪"
……

## 名

卿(경 qīng):"卿"是"卿卿我我"(qīngqīngwǒwǒ)的"卿"
敬(경 jìng):"敬"是"尊敬"(zūnjìng)的"敬"
光(광 guāng):"光"是"光明"(guāngmíng)的"光"
奎(규 kuí):"奎"是"大"字下面两个"土"(tǔ)

圭(규 guī):“圭”是“硅谷”(Guīgǔ)的“硅”去掉(qùdiào)左边的石字旁(shízìpáng)

均(균 jūn):“均”是“平均”(píngjūn)的“均”

根(근 gēn):“根”是“根本”(gēnběn)的“根”

基(기 jī):“基”是“基础”(jīchǔ)的“基”

吉(길 jí):“吉”是“吉祥”(jíxiáng)的“吉”

南(남 nán):“南”是“东西南北”的“南”

东(동 dōng):“东”是“东西南北”的“东”

来(래 lái):“来”是“未来”(wèilái)的“来”

烈(렬 liè):“烈”是“热烈”(rèliè)的“烈”

美(미 měi):“美”是“美丽”(měilì)的“美”

明(명 mí):“明”是“光明”(guāngmíng)的“明”

炳(병 bǐng):“炳”是火字旁右边加(jiā)一个“甲乙丙丁”(jiǎ yǐ bǐng dīng)的“丙”

奉(봉 fèng):“奉”是“奉命”(fèngmìng)的“奉”

雅(아 yǎ):“雅”是“文雅”(wényǎ)的“雅”

爱(애 ài):“爱”是“爱情”(àiqíng)的“爱”

娟(연 juān):“娟”是“婵娟”(chánjuān)的“娟”

荣(영 róng):“荣”是“光荣”(guāngróng)的“荣”

永(영 yǒng):“永”是“永远”(yǒngyuǎn)的“永”

玉(옥 yù):“玉”是“宝玉”(bǎoyù)的“玉”

容(용 róng):“容”是“宽容”(kuānróng)的“容”

龙(용 lóng):“龙”是“龙飞凤舞”(lóng fēi fèng wǔ)的“龙”

渊(욱 yuān):“渊”是“深渊”(shēnyuān)的“渊”

云(운 yún):“云”是“白云”(báiyún)的“云”

元(원 yuán):“元”是“元旦”(Yuándàn)的“元”

润(윤 rùn):“润”是“湿润”(shīrùn)的“润”

恩(은 ēn):“恩”是“恩情”(ēnqíng)的“恩”

银(은 yín):“银”是“金银”(jīnyín)的“银”

仁(인 rén):“仁”是“仁慈”(réncí)的“仁”

相(상 xiàng):“相”是“宰相”(zǎixiàng)的“相”

成(성 chéng):“成”是“成功”(chénggōng)的“成”

锡(석 xī):“锡”是“无锡”(Wúxī)的“锡”

世(세 shì):“世”是“世界”(shìjiè)的“世”

秀(수 xiù):“秀”是“秀丽”(xiùlì)的“秀”

洙(수 zhū):"洙"是"三点水"右边加(jiā)一个"朱元璋"(Zhū Yuánzhāng)的"朱"
淑(숙 shū):"淑"是"淑女"(shūnǚ)的"淑"
淳(순 chún):"淳"是"淳朴"(chúnpǔ)的"淳"
胜(승 shèng):"胜"是"胜利"(shènglì)的"胜"
承(승 chéng):"承"是"继承"(jìchéng)的"承"
实(실 shí):"实"是"真实"(zhēnshí)的"实"
在(재 zài):"在"是"存在"(cúnzài)的"在"
载(재 zǎi):"载"是"记载"(jìzǎi)的"载"
贞(정 zhēn):"贞"是"贞洁"(zhēnjié)的"贞"
正(정 zhèng):"正"是"正直"(zhèngzhí)的"正"
政(정 zhèng):"政"是"政治"(zhèngzhì)的"政"
钟(종 zhōng):"钟"是"钟表"(zhōngbiǎo)的"钟"
周(주 zhōu):"周"是"周围"(zhōuwéi)的"周"
俊(준 jùn):"俊"是"英俊"(yīngjùn)的"俊"
智(지 zhì):"智"是"智慧"(zhìhuì)的"智"
芝(지 zhī):"芝"是"灵芝"(língzhī)的"芝"
珍(진 zhēn):"珍"是"珍贵"(zhēnguì)的"珍"
真(진 zhēn):"真"是"真理"(zhēnlǐ)的"真"
镇(진 zhèn):"镇"是"城镇"(chéngzhèn)的"镇"
昌(창 chāng):"昌"是"昌盛"(chāngshèng)的"昌"
哲(철 zhé):"哲"是"哲学"(zhéxué)的"哲"
泰(태 tài):"泰"是"泰山"(Tài Shān)的"泰"
夏(하 xià):"夏"是"夏天"(xiàtiān) 的"夏"
海(해 hǎi):"海"是"海洋"(hǎiyáng) 的"海"
贤(현 xián): "贤"是"贤惠"(xiánhuì) 的"贤"
铉(현 xuàn):"铉"是金字旁右边加(jiā)一个"玄妙"(xuánmiào)的"玄"
衡(형 héng): "衡"是"平衡"(pínghéng) 的"衡"
惠(혜 huì):"惠"是"贤惠"(xiánhuì) 的"惠"
慧(혜 huì):"慧"是"智慧"(zhìhuì)的"慧"
浩(호 hào):"浩"是"浩大"(hàodà)的"浩"
和(화 hé):"和"是"和平"(hépíng)的"和"
焕(환 huàn):"焕"是"精神焕发"(jīngshén huànfā)的"焕"
勋(훈 xūn):"勋"是"功勋"(gōngxūn)的"勋"

孝(효 xiào):“孝”是“孝顺”(xiàoshùn)的“孝”

姬(희 jī):“姬”是“霸王别姬”(Bàwáng bié jī)的“姬”

喜(희 xǐ):“喜”是“喜欢”的“喜”

熙(희 xī):“熙”是“熙熙攘攘”(xīxīrǎngrǎng)的“熙”

……

# 第三课 秋高气爽

Qiū gāo qì shuǎng

천고마비

## 生词 Shēngcí 새단어

| | | | |
|---|---|---|---|
| 1. 秋高气爽 | qiū gāo qì shuǎng | | 천고마비 |
| 2. 平时 | píngshí | 명 | 보통때. 평소 |
| 3. 夏天 | xiàtiān | 명 | 여름 |
| 4. 因为 | yīnwèi | 접 | 왜냐하면. ~때문에 |
| 5. 天气 | tiānqì | 명 | 날씨 |
| 6. 热 | rè | 형 | 덥다 |
| 7. 秋天 | qiūtiān | 명 | 가을 |
| 8. 凉快 | liángkuai | 형 | 서늘하다. 시원하다 |
| 9. 踢 | tī | 동 | 차다 |
| 10. 足球 | zúqiú | 명 | 축구. 축구공 |
| 11. 季节 | jìjié | 명 | 계절 |
| 12. 还是 | háishi | 부 | 그래도. 여전히 |
| 13. 更 | gèng | 부 | 더. 더욱 |
| 14. 为什么 | wèi shénme | | 왜. 무엇 때문에 |
| 15. 大海 | dàhǎi | 명 | 바다 |
| 16. 海边 | hǎibiān | 명 | 해변. 바닷가 |

| | | | |
|---|---|---|---|
| 17. 游泳 | yóu yǒng | | 수영(하다) |
| 18. 皮肤 | pífū | 명 | 피부 |
| 19. 晒 | shài | 동 | 햇볕을 쬐다 |
| 20. 黑 | hēi | 형 | 검정색(의). 검다 |
| 21. 周末 | zhōumò | 명 | 주말 |
| 22. 爬山 | pá shān | | 등산(하다) |
| 23. 山 | shān | 명 | 산 |
| 24. 树 | shù | 명 | 나무 |
| 25. 树叶 | shùyè | 명 | 나뭇잎 |
| 26. 红 | hóng | 명 형 | 다홍. 붉다. 빨갛다 |
| 27. 景色 | jǐngsè | 명 | 경치. 풍경 |
| 28. 美 | měi | 형 | 아름답다 |
| 29. 拍 | pāi | 동 | 촬영하다. (사진을) 찍다 |
| 30. 腿 | tuǐ | 명 | 다리 |
| 31. 疼 | téng | 동 | 아프다 |
| 32. 心情 | xīnqíng | 명 | 기분 |
| 33. 舒畅 | shūchàng | 형 | (기분이) 상쾌하다. 후련하다 |
| 34. 自己 | zìjǐ | 대 | 스스로. 자신 |
| 35. 香山 | Xiāng Shān | 고유 | 시앙산(베이징 서쪽에 있는 산이름) |

## 课文 Kèwén 본문

1

A：你 平时 经常 运动 吗？
Nǐ píngshí jīngcháng yùndòng ma?

B：夏天 我 不 怎么 运动，因为 天气 太 热。现在 秋天 了，天气 凉快 了，我 经常 跟 朋友们 一起 踢 足球。
Xiàtiān wǒ bù zěnme yùndòng, yīnwèi tiānqì tài rè. Xiànzài qiūtiān le, tiānqì liángkuai le, wǒ jīngcháng gēn péngyoumen yìqǐ tī zúqiú.

A：是 啊，秋 高 气 爽，是 运动 的 黄金 季节。但 我 还是 更 喜欢 夏天。
Shì a, qiū gāo qì shuǎng, shì yùndòng de huángjīn jìjié. Dàn wǒ háishi gèng xǐhuan xiàtiān.

B：为 什么？
Wèi shénme?

A：因为 我 特别 喜欢 大海，夏天 我 可以 常 去 海边 游 泳。
Yīnwèi wǒ tèbié xǐhuan dàhǎi, xiàtiān wǒ kěyǐ cháng qù hǎibiān yóu yǒng.

B：怪不得 你 皮肤 晒 得 这么 黑！
Guàibude nǐ pífū shài de zhème hēi !

A：周末 你 是 怎么 过 的？
Zhōumò nǐ shì zěnme guò de?

B：跟 几 个 朋友 一起 去 爬 香 山 了。
Gēn jǐ ge péngyou yìqǐ qù pá Xiāng Shān le.

A：山 上 的 树叶 都 红 了 吧？
Shān shang de shùyè dōu hóng le ba?

B：都 红 了，景色 特别 美。我们 拍了 好多 照片儿。
Dōu hóng le, jǐngsè tèbié měi. Wǒmen pāile hǎoduō zhàopiānr.

A：爬 山 挺 累 吧？腿 疼 不 疼？
Pá shān tǐng lèi ba? Tuǐ téng bu téng?

B：有点儿 疼，但 心情 特别 舒畅。
Yǒudiǎnr téng, dàn xīnqíng tèbié shūchàng.

## 注释 Zhùshì 설명

### 1 夏天我不怎么运动 여름에 나는 별로 운동하지 않아.

"怎么"前面加否定副词"不"或"没",表示某个动作的次数少、频率低或程度较差。"不怎么"相当于韩语的"별로 ~하지 않다","没怎么"相当于韩语的"별로 ~하지 않았다"。如:

"怎么"앞에 부정부사 "不" 혹은 "没"가 붙는 경우 어떤 동작의 횟수나 빈도가 적거나 정도의 낮음을 나타낸다. "不怎么"는 한국어의 "별로 ~하지 않다"에 해당하고,"没怎么"는 한국어의 "별로 ~하지 않았다"에 해당한다. 예:

(1) 这个菜不怎么好吃。
(2) 他不怎么说话,只听我说。
(3) 我昨天玩儿了一天,没怎么看书。
(4) 这是他自己的努力,我没怎么帮他。

### 2 因为天气太热 왜냐하면 날씨가 너무 더우니까.

句中的"因为"是表示原因的连词,可以用于前一小句,也可以用于后一小句,相当于韩语的"왜냐하면"或" ~때문에 "。如:

여기서 "因为"가 원인을 나타내는 접속사이며, 앞절에 쓰일 수도 있고 뒷절에 쓰일 수 있다. "因为"는 한국어의 "왜냐하면" 혹은 "~때문에"에 해당한다. 예:

(1) 我想买矿泉水,因为我很渴。
(2) 房间里很热,因为房间里没有空调。
(3) 因为不会电脑,他只能当服务员。
(4) 因为天气不好,只来了五个人。

### 3 现在秋天了 지금은 가을이 되었어.

助词"了"放在名词、数量词或形容词后面,表示情况的变化或新情况的出现,相当于韩语的"~이(가) 되었다"或"~해지다"。如:

"了"는 조사이며, 명사, 수량사 혹은 형용사 뒤에 붙어서 상황의 변화나 새로운 상황의 출현을 나타낸다. 한국어의 "~이(가) 되었다" 혹은 "~해지다"에 해당한다. 예:

(1) 已经是夏天了,天气非常热。
(2) 你现在是大学生了,当然跟高中生不一样。
(3) 现在九点半了,他还没来。
(4) 你今年多大了?——二十三了。
(5) 我觉得你漂亮了,是不是有男朋友了?

### 4 但我还是更喜欢夏天。 그래도 난 여름을 더 좋아해.

句中的"还是"是副词,表示行为、动作或状态保持不变,或不因为上文所说的情况而有所改变,相当于韩语的"그래도"或"여전히"。如:

여기서 "还是"는 부사이며, 어떤 행동, 동작 혹은 상태가 변하지 않고 그대로 유지됨을 나타내거나 앞절에 있는 상황에도 불구하고 변화가 없음을 나타낸다. 한국어의 "그래도" 혹은 "여전히"에 해당한다. 예:

(1) 我还是不能告诉你他的电话号码。
(2) 她已经四十岁了,但看上去还是很年轻。
(3) 我知道吃太多甜的对身体不好,但我还是想吃冰淇淋。

### 5 周末你是怎么过的? 주말에 무엇을 하고 지냈어?

"是……的"是口语中常用的一个句式,表示动作已经实现或完成,但语意的重点不是动作本身,而是与动作有关的某一方面,如时间、处所、方式、对象、条件、目的等。如:

"是……的"는 입말 중에 잘 쓰이는 구조이며, 동작이 이미 이루어졌거나 완성되었음을 나타낸다. 그러나 그 행동 자체에 중점을 두는 것이 아니라 그 행동에 관련된 어떤 요소를 강조하려는 것이다. 예를 들면 그 행동의 시간, 장소, 방식, 대상, 조건, 목적 등을 강조하려는 것이다. 예:

(1) 你是什么时候去的他家?(시간)
——我是前天去的他家。
(2) 你是在哪儿跟他见面的?(장소)
——我是在学校附近的咖啡厅跟他见面的。
(3) 你是给谁打的电话?(대상)
——我是给华韩公司的朴老板打的电话。
(4) 暑假你是怎么过的?(방식)
——我哪儿也没去,一直呆在家里。

如果"是……的"中间的动词带宾语，宾语的位置可以放在"的"之后，也可以放在"的"之前。口语中宾语放在"的"之后更为常见。如：

"是……的" 사이에 있는 동사 뒤에 목적어가 있는 경우 그 목적어는 "的" 뒤에 붙일 수도 있고 "的" 앞에 붙일 수도 있다. 입말에서는 목적어가 "的" 뒤에 붙는 경우가 더 많다. 예:

我是昨天晚上吃的烤鸭。→ 我是昨天晚上吃烤鸭的。

## 练习 Liànxí 연습

### 一 看图写出相应的颜色词并造一个句子

그림을 보고 해당하는 색의 단어를 적고, 문장 하나를 지어보세요.

**例**　　bái（하얗다）→ 白　我的手机是白色的。

1　　hēi（까맣다）→

2　　hóng（빨갛다）→

3　　　　　　　huáng（노랗다）→

4　　　　　　　lǜ（푸르다）→

5　　　　　　　lán（파랗다）→

6　　　　　　　zǐ（보라빛을 띠다）→

（蓝　黑　紫　黄　绿　红）

## 二 替换练习 바꾸어서 말하세요.

1.

| | | |
|---|---|---|
| 他说他<br>我觉得你<br>听说你<br>他告诉我他 | **平时** | 不吃早饭。<br>应该多交中国朋友。<br>五点钟就起床，是真的吗？<br>住宿舍，只是周末回家。 |

2.

| | | |
|---|---|---|
| 那个女孩儿<br>上个学期我<br>弟弟<br>考试的时候，我 | **没怎么** | 说话。<br>努力学习。<br>吃饭，只喝了一杯牛奶。<br>注意，写错(cuò 잘못. 틀리다)了一个汉字。 |

3.

| | | |
|---|---|---|
| 你父母<br>我想知道你<br>你跟男朋友有约会，<br>你也知道我今天 | **为什么** | 不让你去？<br>送给她红色的玫瑰。<br>不打扮一下？<br>心情高兴。 |

4.

| | | |
|---|---|---|
| 明天可以休息，但今天<br>已经过去两年了，他<br>我知道方便面对身体不好，但我<br>他已经学了六年，但英语口语水平 | **还是** | 得去打工。<br>没有回来。<br>想吃。<br>不行。 |

## 三 选词填空 보기에서 골라 빈칸을 채우세요.

| | | | | | | |
|---|---|---|---|---|---|---|
| 树叶 | 季节 | 皮肤 | 游泳 | 爬 | 景色 | 腿 |
| 海边 | 晒 | 凉快 | 拍 | 足球 | 舒畅 | 周末 |

1. 昨天________了两座山，很累。
2. 我是在东海的________跟他认识的。
3. 秋天了，________都黄了。
4. 山上的________非常美，真的。
5. 我很羡慕你，你的________真好！
6. 他________得很黑，因为这个暑假他一直在中国南方旅行。
7. 我和你一样，最喜欢的________是秋天。

8. 我弟弟踢________踢得很棒,我踢得也不错。
9. 和朋友们在一起玩得很高兴,心情非常________。
10. A:这是在哪儿________的照片?
    B:这是在香山________的照片。________得不错吧?
11. A:你游泳游得怎么样? B:我________游得不错。
12. 今天天气一点儿也不热,非常________。
13. 今天________有点儿疼,因为昨天走了一天。
14. 说吧,你想吃什么?________我请客!

## 四 模仿例句改写句子 보기와 같이 바꾸어 써보세요.

*A* 例 夏天我不常运动。→ 夏天我不**怎么**运动。

1. 最近我不常抽烟。→
2. 我妹妹学习不太努力。→
3. 他不常说他家里的事。→
4. 他对这个工作不太感兴趣。→

*B* 例 我想吃饭,因为…… → **因为**我肚子很饿。

1. 秋天是运动的黄金季节,因为…… →
2. 我们可以周末见面,因为……→
3. 他心情很舒畅,因为…… →
4. 我腿很疼,因为…… →

*C* 例 你是跟谁一起去的医院?
→ 我**是**跟我男朋友一起去**的**医院。

1. 你是在哪儿挣的这么多钱?→
2. 你是什么时候认识他的?→
3. 你是怎么知道我的手机号的?→
4. 你是给谁买的礼物?→

*D* 例 我喜欢夏天，你呢？ → 我**更**喜欢秋天。

1. 我喜欢看美国电影，你呢？→
2. 我爱吃中国菜，你呢？→
3. 天气热的时候我喜欢呆在家里，你呢？→
4. 我喜欢绿色，你呢？→

*E* 例 我在北京留学过一年。 → **怪不得**你汉语说得这么好！

1. 我没吃早饭和午饭。→
2. 我得了奖学金。→
3. 我是朝鲜族。→
4. 男生都去服兵役了。→

## 五 跟同桌互问互答 다음과 같이 옆 학생과 서로 묻고 답해 보세요.

你的爱好是什么？（你有什么爱好？）
我的爱好是……（我喜欢……）

## 六 用下面所给的材料进行会话练习
다음에 주어진 자료를 이용하여 회화 연습을 하세요.

陈华是北京大学经济学院05级的学生，专业是国际贸易。他个子比较高，一米八左右；皮肤挺黑，但长得很帅。他喜欢运动，常去运动场跑步，有时候也打网球、踢足球，身体很棒。他也很喜欢旅行，去过不少地方，知道的事特别多。他还有一个爱好就是唱歌，周末的时候常跟朋友去唱卡拉OK。他的女朋友也是北大的学生，但不是一个系的，他女朋友是中文系的，是一个很可爱的南方女孩儿，是他打网球的时候认识的。

朴泰雄是高丽大学中文系二年级的学生，刚服完兵役，所以现在他的汉语水平不太高。他父亲是一家公司的老板，就盼儿子将来能帮他做生意。朴泰雄学习很努力，得过两次奖学金。这次来北大留学，他想尽快提高他的汉语水平，也想多交一些中国朋友。他很喜欢踢足球，在足球场上认识了不少爱踢足球的中国朋友。

| | | | | | | | | |
|---|---|---|---|---|---|---|---|---|
| 经济 | jīngjì | 경제 | 学院 | xuéyuàn | 대학 | 级 | jí | ~학번 |
| 国际 | guójì | 국제 | 贸易 | màoyì | 무역 | 个子 | gèzi | 키 |
| 米 | mǐ | 미터 | 左右 | zuǒyòu | 안팎 | 长 | zhǎng | 생기다 |
| 帅 | shuài | 멋지다 | 高丽 | Gāolí | 고려 | 刚 | gāng | 금방 |
| 儿子 | érzi | 아들 | 将来 | jiānglái | 장래 | 生意 | shēngyì | 장사 |
| 尽快 | jǐnkuài | 되도록 빨리 | 提高 | tígāo | 높이다 | | | |

## 会话情景 (상황)

朴泰雄和陈华在足球场上聊天儿。

聊天儿 liáo tiānr 이야기를 나누다

## 한국인이 배운 "한문"과 우리가 지금 바로 배우고 있는 중국어 입말은 어떤 관계가 있는가?

## 韩国人所学的"汉文"跟当下所学的汉语口语有何关系?

한국에서 어떤 사람들은 "한문"교육을 받은 적이 있다. 한국인이 배운 "한문"을 중국에서는 "원옌원" 혹은 "꾸원"이라 일컫는다. "원옌원"이란 것도 사실 진나라 이전에 직접 입으로 사용하던 중국어의 기초 위에서 형성된, 다시 말하자면 상고시대의 중국인이 입으로 직접 사용하던 중국어를 중국문자(한자)로 그대로 옮겨적어둔 중국말이기 때문에 형성될 당시에는 중국 입말과 차이가 크지 않았다. 예를 들면 《시경》이나 《논어》에 적혀 있는 "원옌원"이 그러한 중국말이다. 하지만 그후 역사의 변천에 따라 사람들이 일상생활 중에 사용하던 입말도 끊임없이 변하였고, 그 결과 오늘날의 시각으로 보면 대략 육조시대부터 "원옌원"과 입말이 서로 겉도는 현상이 눈에 띄게 확인되고 있다. 그러나 한자가 표의문자이기 때문에 입말과 문장글이 일치하지 않는다 하더라도 글읽기에 아주 큰 장애를 일으키지는 않았다. 동시에 진나라 이전과 한나라 때의 옛 전적들은 중국문화의 원류로서 줄곧 숭배받는 처지가 되었다. 따라서 그후 각 시대의 지식인마다 글을 지었다 하면 진나라 이전이나 한나라 때의 옛글투를 그대로 모방하여 지었기 때문에 중국에서 입말과 문장글이 서로 일치하지 않는 상황이 오랫동안 지속된다.

청나라 말기에 이르러 국제정세가 급변하자 나라를 구하고 민중을 계몽하려던 중국 문화계 인물들이 신문화운동의 기치를 내걸고, 말과 글이 일치하는 백화문을 반드시 사용해야 한다고 역설하면서 문체혁명을 한바탕 일으켰다. 1920년에 당시의 교육부도 백화문의 합법적인 지위를 승인하였고, 백화문은 점점 발전을 거듭했다. 그러나 백화문이 옛글투의 문장이 누리던 주류적인 지위를 완전히 대체한 것은 1949 년 중화인민공화국이 세워진 이후의 일이다. 옛글투의 문장은 비록 그러한 문장으로 교류하던 때의 주류적인 지위를 상실했다 손치더라도, 전통문화의 계승이나 언어수양의 한 부분으로서 중국 초,중,고등 및 대학교의 어문교육에서 일정한 비중을 어엿이 차지하고 있다.

외국 학생들이 지금 배우고 있는 중국어 입말이 바로 현대 중국어의 표준말이자 지금 이 시대에 중국인이라면 누구나 모범으로 삼고서 일컫고 있는 말이다. 현대 중국어의 표준말은 현대 한(漢)민족의 공통어이다. 그것은 북경 사람들이 내는 소리를 표준음으로 삼고, 중국의 북방 말씨를 기본적인 말씨로 삼고, 전형적인 백화문으로 지은 문장을 문법상의 모범으로 삼는다. 따라서 그것은 "원옌원" 즉 한국인에게 익숙한 "한문"과 상당히 큰 차이가 있다 하겠다.

在韩国,有些人受过"汉文"教育。韩国人所学的"汉文",在中国称为"文言文"或"古文"。"文言文"是建立在先秦口语基础上的上古汉语书面语言,在产生的当时跟口语相距并不远,如《诗经》《论语》等。其后随着历史的变迁,人们日常交际中的口语不断变化,大约从六朝起,文言文与口语有了明显的脱离迹象。由于汉字是表意文字,言文不一致并不会引起太大的阅读障碍,同时先秦西汉的古文典籍作为汉文化的源头一直受到尊崇,所以中国历代文人的书面写作一直沿用和承袭先秦两汉的古文体,这就造成汉语长期以来言文不一致的状况。

到了晚清,国际局势大变,为了救国图存、唤醒民众,中国文化界人士发起新文化运动,力倡言文一致的白话文,引发了一场文体革命。当时的教育部于1920年认可了白话文的合法地位,白话文逐渐得到发展。但白话文完全取代文言文的主流地位,是在1949年中华人民共和国成立以后。文言文虽然退出了书面交际的主流地位, 但作为传统文化和语言修养的一部分,在中国的小学、中学以及大学的语文教育中都要占一定的比例。

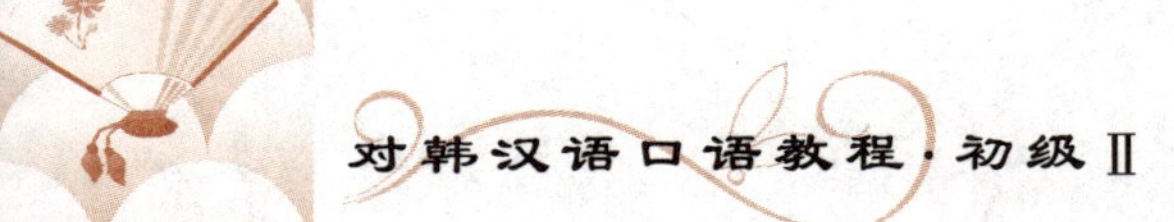


外国学生现在所学的汉语口语，即现代汉语普通话，也就是当代规范的白话。现代汉语普通话是现代汉民族共同语，它以北京语音为标准音，以中国北方话为基础方言，以典范的现代白话文著作为语法规范。它跟“文言文”，也就是韩国人所熟悉的“汉文”，有相当大的差别。

# 第四课　便宜点儿吧

**Piányi diǎnr ba**

좀 깎아 주세요

## 生词 Shēngcí 새단어

| | | | |
|---|---|---|---|
| 1. 便宜 | piányi | 형 | (값이) 싸다. 저렴하다 |
| 2. 苹果 | píngguǒ | 명 | 사과 |
| 3. 斤 | jīn | 양 | 근(무게의 단위. 중국에서는 500g) |
| 4. 草莓 | cǎoméi | 명 | 딸기 |
| 5. 卖 | mài | 동 | 팔다 |
| 6. 瞧 | qiáo | 동 | 보다 |
| 7. 新鲜 | xīnxiān | 형 | 신선하다. 싱싱하다 |
| 8. 个儿 | gèr | 명 | 키. 크기. 부피 |
| 9. 毛衣 | máoyī | 명 | 스웨터 |
| 10. 最 | zuì | 부 | 가장. 제일 |
| 11. 款式 | kuǎnshì | 명 | 양식. 스타일. 디자인 |
| 12. 畅销 | chàngxiāo | 동 | 잘 팔리다 |
| 13. 号(儿) | hào(r) | 명 | 사이즈 |
| 14. 中号(儿) | zhōnghào(r) | 명 | 중간 사이즈 |
| 15. 大号(儿) | dàhào(r) | 명 | 큰 사이즈 |

| | | | |
|---|---|---|---|
| 16. 小号(儿) | xiǎohào(r) | 명 | 작은 사이즈 |
| 17. 试 | shì | 동 | 시험하다. (입어, 써, 해)보다 |
| 18. 身材 | shēncái | 명 | 몸매 |
| 19. 穿 | chuān | 동 | 입다 |
| 20. 颜色 | yánsè | 명 | 색깔 |
| 21. 除了……以外 | chúle……yǐwài | | ~뿐만 아니라. ~말고도 |
| 22. 绿色 | lǜsè | | 초록색 |
| 23. 咖啡色 | kāfēisè | | 갈색. 커피색 |
| 24. 照顾 | zhàogù | 동 | 봐주다. 돌보다 |
| 25. 打折 | dǎ zhé | | 할인하다. 세일하다 |
| 26. 这样 | zhèyàng | 대 | 이렇다. 이와 같다 |
| 27. 价钱 | jiàqian | 명 | 값 |
| 28. 意思 | yìsi | 명 | 재미. 뜻. 의미 |
| 29. 饱 | bǎo | 형 | 배부르다 |
| 30. 门 | mén | 명 | 문 |
| 31. 课本 | kèběn | 명 | 교과서. 교재 |
| 32. 万 | wàn | 수 | 만 |
| 33. 这儿 | zhèr | 대 | 여기 |
| 34. 衣服 | yīfu | 명 | 옷 |
| 35. 重 | zhòng | 명 형 | 무게. 무겁다 |

## 课文 Kèwén 본문

1

A：苹果 多少 钱 一 斤？
Píngguǒ duōshao qián yì jīn?

B：四 块 钱 一 斤。
Sì kuài qián yì jīn.

A：甜 不 甜？
Tián bu tián?

B：您 放 心，不 甜 不 要 钱。
Nín fàng xīn, bù tián bú yào qián.

A：那 来 两 斤 吧。草莓 怎么 卖？
Nà lái liǎng jīn ba. Cǎoméi zěnme mài?

B：草莓 五 块 钱 一 斤。您 瞧，这 草莓 多 新鲜！
Cǎoméi wǔ kuài qián yì jīn. Nín qiáo, zhè cǎoméi duō xīnxiān!
个儿 也 很 大。
Gèr yě hěn dà.

## 2

A：这 件毛衣 多少 钱？

Zhè jiàn máoyī duōshao qián?

B：一百八。这是最新款式，特别 畅销。

Yìbǎibā. Zhè shì zuì xīn kuǎnshì, tèbié chàngxiāo.

A：挺 贵的。这 是 多 大 号儿 的？

Tǐng guì de. Zhè shì duō dà hàor de?

B：这 是 中 号儿 的，也有 大号儿和小号儿。

Zhè shì zhōnghàor de, yě yǒu dàhàor hé xiǎohàor.

A：可以 试试 吗？

Kěyǐ shìshi ma?

B：可以。小 姐，您 身材 好， 穿上 一定 漂亮。

Kěyǐ. Xiǎojie, nín shēncái hǎo, chuānshang yídìng piàoliang.

A：有 别的 颜色 吗？

Yǒu biéde yánsè ma?

B：有。除了 绿色 以外，还 有 白色 和 咖啡色。

Yǒu. Chúle lǜsè yǐwài, hái yǒu báisè hé kāfēisè.

A：便宜 点儿 吧！我 是 学生，没 什么 钱。

Piányi diǎnr ba! Wǒ shì xuésheng, méi shénme qián.

B：好，照顾你是学生，一百七吧。
Hǎo, zhàogu nǐ shì xuésheng, yìbǎiqī ba.

A：还是太贵。再便宜点儿，一百五，怎么样？
Háishì tài guì. Zài piányi diǎnr, yìbǎiwǔ, zěnmeyàng?

B：现在不是打折的季节。这样吧，一百六，不能再便宜了。
Xiànzài bú shì dǎ zhé de jìjié. Zhèyàng ba, yìbǎiliù, bù néng zài piányi le.

## 注释 Zhùshì 설명

### 1 苹果多少钱一斤？ 사과 한 근에 얼마입니까?

“斤”是中国日常口语中最常用的重量单位，一斤为500克。韩国的“근”有时相当于600克，有时相当于400克，但中国的“斤”作为重量单位是固定的，就是500克。

“斤”은 중국 일상 생활에서 가장 많이 쓰이는 중량 단위이다. 한 “斤”은 500 그램에 해당한다. 한국의 “근”은 600 그램에 해당하는 경우도 있고 400 그램에 해당하는 경우도 있지만 중국의 “斤”은 중량 단위로서 변함없이 500 그램에 해당한다.

### 2 不甜不要钱。 달지 않으면 돈을 안 받을게요.

这是一个紧缩句，句中虽没有关联词语，但两个谓语“不甜”和“不要钱”之间表达一种假设的因果关系。又如：

본 어구는 축약된 것이다. 어구 중에 비록 문장성분간의 관계를 나타내는 관련사는 없지만, 두 개의 술어 “不甜”과 “不要钱”이 이어져서 화자가 설정한 일종의 인과관계를 나타낸다. 다른 예:

(1) 你不学不知道。
(2) 质量(zhìliàng 품질)不好不给钱。
(3) 我说话你不高兴，我不说话你也不高兴。

### 3 您瞧，这草莓多新鲜！
보세요, 이 딸기 얼마나 싱싱합니까!

“瞧”是动词，跟“看”的意思一样，在北京人的口语中经常使用。如：

“瞧”는 동사이며, “看”과 뜻이 같다. 특히 북경 사람들의 입말에서 “瞧”가 자주 등장한다. 예:

(1) 瞧！谁来了？
(2) 瞧你，又吃方便面！
(3) 你瞧瞧，这样行吗？

副词“多”常用于感叹句，表示程度很高，含有夸张语气和强烈的感情色彩，相当于韩语的“얼마나”。如：

“多”는 부사로서 감탄문에 잘 쓰이고, 정도가 아주 높음을 나타낸다. 대체로 과장된 어감과 강렬한 감정을 담고 있으며, 한국어의 “얼마나”에 해당한다. 예:

(1) 这种款式多漂亮！
(2) 不吃早饭对身体多不好啊！
(3) 你不知道，我心里多高兴啊！

### 4 穿上一定漂亮。 입어보면 틀림없이 예쁠 거예요.

“上”附着在动词“穿”后面，表示合拢或添加于某处的意思。如：

“上”은 동사 “穿” 뒤에 붙어서 ‘한데 합치다’ 혹은 ‘첨가’의 의미를 나타낸다. 예:

(1) 关(guān 닫다. 끄다)上门，好吗？
(2) 请合(hé 덮다)上课本。
(3) 在这儿写上你的名字和电话号码。

### 5 除了绿色以外，还有白色和咖啡色。
푸른색 이외에도 흰색과 커피색도 있어요.

“除了……以外”表示不计算在内，中间部分可以是名词、动词、形容词，也可以是小句，后面常用“还”“也”等呼应。相当于韩语的“~말고도”或“~뿐만 아니라”。“以外”可以省略，意思不变。如：

"除了……以外"는 설정된 범위 안에 포함하지 않음을 나타내며, 중간 부분이 명사, 동사, 형용사 혹은 절일 수 있다. 뒤 절에 "还"나 "也"가 나와 호응하는 경우가 많다. 한국어의 "~말고도" 혹은 "~뿐만 아니라"에 해당한다. "以外"를 생략할 수도 있고, 생략해도 뜻에 변함이 없다. 예:

(1) 除了面包以外,还有苹果和草莓。(除了面包,还有苹果和草莓。)
(2) 我姐姐除了漂亮以外,也很善良。
(3) 除了款式好以外,价钱还很便宜。
(4) 除了学英语以外,还得学汉语和日语。

### 6 我是学生,没什么钱。 나는 학생이므로 돈이 별로 없어요.

"没什么+名词"是口语中常用的一种表达方式,意思跟"没(没有)+名词"是一样的,但口气显得和缓一些。如:

"没什么+名词"는 입말에 잘 쓰이는 표현이고, 그 뜻은 "没(没有)+名词"와 같지만 말투가 약간 더 부드럽게 들린다. 예:

(1) 没什么事了,回家吧。(没事了,回家吧。)
(2) 我觉得没什么意思。
(3) 对这件事我没什么兴趣。

### 7 不能再便宜了。 더 이상 깎아줄 수 없어요.

"不能再……了"相当于韩语的"더 이상 ~할 수 없다"或"더 이상 ~하면 안된다",表示不能超出某个限度。如:

"不能再……了"는 한국어의 "더 이상 ~할 수 없다" 혹은 "더 이상 ~하면 안 된다"에 해당하며, 어떤 한도를 초월할 수 없음을 나타낸다. 예:

(1) 不能再玩儿了,我得学习了。
(2) 就两百块钱吧,不能再贵了。
(3) 我饱了,不能再吃了。

## 练习 Liànxí 연습

### 一 会话练习：问价钱并讨价还价
회화 연습: 값을 물어보고 흥정해 보세요.

例 A: 草莓多少钱一斤？（草莓怎么卖？）
B: 草莓六块钱一斤。
A: 便宜点儿吧，（能不能便宜点儿？可以便宜点儿吗？）五块一斤怎么样？
B: 您买多少？
A: 我买三斤。
B: 那好吧，就给您五块钱一斤。三斤一共十五块。

píngguǒ→苹果

lí →

xīguā →

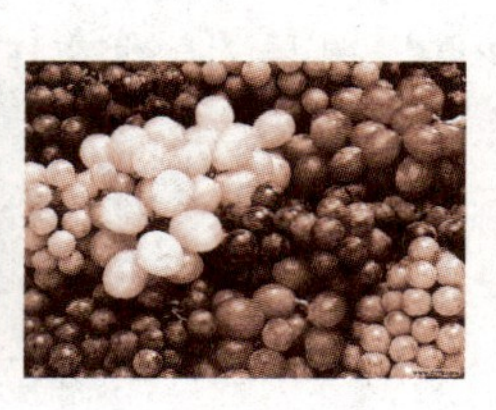

pútao→

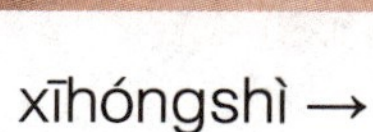

xīhóngshì →

huángguā →

báicài →

jīdàn →

dòufu →

zhūròu →

niúròu →

（보기：鸡蛋　梨　牛肉　西瓜　白菜　西红柿　猪肉　豆腐　葡萄
苹果　黄瓜）

## 二 选词填空 보기에서 골라 빈칸을 채우세요.

| 身材 | 斤 | 穿 | 打折 | 门 | 卖 | 畅销 | 没意思 | 有意思 |
|---|---|---|---|---|---|---|---|---|
| 这样 | 饱 | 新鲜 | 课本 | 照顾 | 价钱 | 号 | 这儿 | 上 |

1. 真的吃________了，不想再吃了。
2. 你想省钱，那就在________的时候买。
3. 这个女孩个儿比较高，________也不错。
4. A：您要多大________的？
   B：我要最小________的。
5. A：草莓多少钱一________？
   B：五块五一________。这苹果也很________，________也便宜，三块一斤。
6. A：这两种款式________得怎么样？
   B：这两种款式都很________。
7. ________吧，周末咱们去海边游泳。
8. 对不起，请关上________，行吗？
9. 每天除了去教室学习就是回宿舍睡觉，很________。
10. ________外国留学生很多，我交了不少外国朋友。
11. 我知道韩国人爱吃辣的。________你是韩国人，菜里放了不少辣椒。
12. A：你说，我________哪件衣服好？
    B：我觉得你________这件衣服最漂亮。
13. 你应该照顾一下学生的水平。我觉得________太难了！
14. 你在本子上写________你的名字了吗？
15. 我们都觉得那位老师的课很________。

## 三 写出下列金额的简略说法和完整说法

다음 금액에 대하여 간략하게 말하는 법과 완전하게 말하는 법을 적어 보세요.

**例** 180 ¥ → 一百八 / 一百八十块钱

1. 140 ¥ →
2. 320 ¥ →

3. 990 ¥ →
4. 106 ¥ →
5. 507 ¥ →
6. 17000 ¥ →
7. 95000 ¥ →
8. 2.40 ¥ →
9. 7.50 ¥ →

## 四 替换练习 바꾸어서 말하세요.

1. 她来 / 他们不在 / 听说 —— **这儿** —— 得多长时间? / ,他们都去餐厅了。/ 住了很多韩国人,是吗?

2. 我觉得学汉语很有 / 一个人看电影多没 / 你知道这个词是什么 / 你的话是什么 —— **意思** —— ,你呢? / 啊! / 吗? / ? 你想让我走?

3. 老师 / 这颜色 / 你这样做 / 你看,同学们的鼓掌 —— **多** —— 照顾你啊,你应该谢谢老师。/ 漂亮啊! 你觉得呢? / 不好! 以后别这样了。/ 热烈! 你就唱一支歌吧。

4. 这次可以 / 我是留学生,学校不能 / 你是姐姐,应该 / 父母身体都不好,我得在家 —— **照顾** —— 你,下次就不行了。/ 我一下吗? / 弟弟和妹妹。/ 他们。

5. **这样** —— 吧,我买两件毛衣,给你一件,给你哥一件。/ 怎么行呢? 应该告诉他。/ 好的身材,穿什么衣服都漂亮。

## 五　模仿例句改写句子　보기와 같이 바꾸어 써보세요.

*A* 例

> 除了打网球以外,(还)……
> → 除了打网球以外,我**还**经常踢足球。

1. 除了去看金老师以外,(还)…… →
2. 除了泰雄师兄帮我以外,(也)…… →
3. 除了在一家贸易公司打工,(还)…… →
4. 我除了星期二没课,(也)…… →

*B* 例

> 这件毛衣是多大号的? → 这件毛衣是大号的。

1. 你姐姐今年多大? →
2. 你奶奶多大年纪了? →
3. 你家离这儿多远? →
4. 他的个子多高? →
5. 你多重? →

*C* 例

> 哪本书最畅销? → 这本书最畅销。

1. 你最想吃什么? →
2. 哪家商店的价钱最便宜? →
3. 你最喜欢什么颜色? →
4. 谁吃得最多? →

*D* 例

> 没有新款式。→ **没有什么**新款式。

1. 他这个人没朋友。→
2. 没有味道好的菜。→
3. 对不起,我没买礼物。→

*E* 例

> 已经很便宜了,…… → **不能再**便宜了。

1. 已经玩了很长时间,……→

2. 肚子已经吃得很饱了，……→
3. 已经没钱了，……→
4. 天气已经很热了，……→

## 六 会话练习：买衣服 회화 연습: 옷쇼핑

보기:

A：你瞧这件衣服，挺漂亮吧？
B：漂亮是漂亮，但价钱一定很贵。
A：这是最新款式，当然比较贵。小姐，我看上了这件衣服，很想买，但我没那么多钱，能不能便宜一点儿？
C：您真想买，可以便宜一点儿。这一件是中号的，您先试试。您个儿高，身材又好，穿上一定漂亮。
A：（穿上以后）你看，怎么样？
B：我看挺不错的，颜色也好看。
……

보기:

件 一件________ 两件________ 三件________
（yīfu 옷） （chènshān 와이셔츠） （T xùshān 티셔츠）

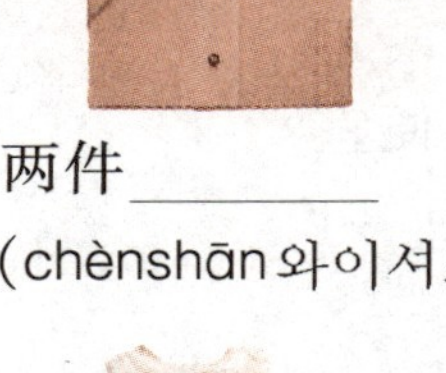

条（tiáo） 一条________ 两条________ 三条________
（kùzi 바지） （qúnzi 치마） （niúzǎikù 청바지）

双(shuāng) 一双________ (xié 신발)

两双________ (yùndòngxié 운동화)

三双________ (píxié 구두)

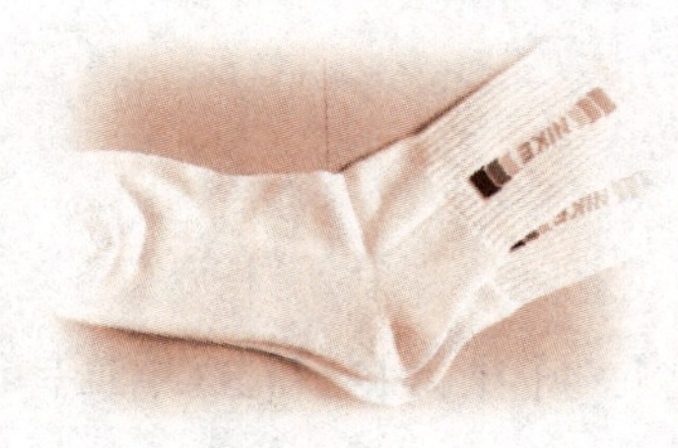


四双________ (wàzi 양말)

(보기: 鞋 裤子 衣服 皮鞋 衬衫 牛仔裤 运动鞋 袜子 裙子 T恤衫)

# 第五课 小秘密

Xiǎo mìmì

작은 비밀

## 生词 Shēngcí 새단어

| | | | |
|---|---|---|---|
| 1. 喂 | wèi / wéi | 감 | 야. 어이. 여보세요(부르는 소리) |
| 2. 找 | zhǎo | 동 | 찾다 |
| 3. 听 | tīng | 동 | 듣다 |
| 4. 出来 | chū lái | | 동사 뒤에 쓰여 은폐된 것에서 노출됨을 나타냄 |
| 5. 声音 | shēngyīn | 명 | 소리 |
| 6. 还是 | háishi | 접 | 아니면(의문문에 쓰여 선택을 나타냄) |
| 7. 刚才 | gāngcái | 면 | 방금 |
| 8. 接 | jiē | 동 | 받다 |
| 9. 刚 | gāng | 부 | 방금. 지금 막(행동이나 상황이 일어난지 오래지 않음) |
| 10. 想 | xiǎng | 동 | 그리워하다 |
| 11. 上班 | shàng bān | | 출근하다 |
| 12. 发 | fā | 동 | 보내다. 발송하다 |
| 13. 封 | fēng | 양 | 통 |

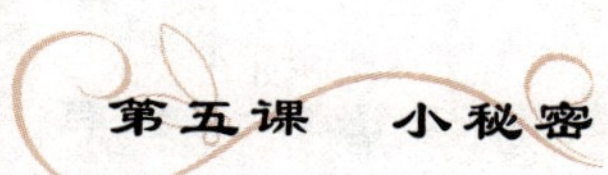


| | | | |
|---|---|---|---|
| 14. 电子邮件 | diànzǐ yóujiàn | | 이메일 |
| 15. 收 | shōu | 동 | 받다. 간수하다 |
| 16. 前天 | qiántiān | 명 | 그저께 |
| 17. 陪 | péi | 동 | 모시다. 동반하다 |
| 18. 外地 | wàidì | 명 | 외지. 타지 |
| 19. 出差 | chū chāi | | (외지로) 출장가다 |
| 20. 来得及 | láidejí | | ~할 시간이 있다. 늦지 않다 |
| 21. 上网 | shàng wǎng | | 인터넷에 접속하다 |
| 22. 邮箱 | yóuxiāng | 명 | 우편함 |
| 23. 老 | lǎo | 부 | 자꾸. 늘. 언제나 |
| 24. 占线 | zhàn xiàn | | (전화가) 통화중이다 |
| 25. 别人 | biérén | 명 | 남. 타인 |
| 26. 理 | lǐ | 동 | 상대하다 |
| 27. 礼貌 | lǐmào | 명 | 예의 |
| 28. 坏 | huài | 형 | 나쁘다 |
| 29. 种 | zhǒng | 양 | 종. 종류. 가지. 부류 |
| 30. 或者 | huòzhě | 접 | 혹은 |
| 31. 错 | cuò | 형 | 틀리다. 맞지 않다 |
| 32. 爱人 | àiren | 명 | 아내. 남편 |
| 33. 王丽 | Wáng Lì | 고유 | 왕리(중국인 인명) |

## 课文 Kèwén 본문

### 1

A：喂？
Wéi?

B：喂，请 找一下儿 王 丽。
Wéi, qǐng zhǎo yíxiàr Wáng Lì.

A：请 稍 等。
Qǐng shāo děng.

C：喂，您 是 哪 位？
Wéi, nín shì nǎ wèi?

B：王 丽，没 听 出来 我的 声音 吗？
Wáng Lì, méi tīng chūlái wǒ de shēngyīn ma?

C：是 善英 吧？你 现在 在 韩国 还是 在 中国？
Shì Shànyīng ba? Nǐ xiànzài zài Hánguó háishi zài Zhōngguó?

B：我 现在 就 在 北京。刚才 接 电话 的 人 是 谁？
Wǒ xiànzài jiù zài Běijīng. Gāngcái jiē diànhuà de rén shì shuí?

C：以后 告诉 你。你 是 什么 时候 到 的？
Yǐhòu gàosu nǐ. Nǐ shì shénme shíhou dào de?

B：昨天 刚 到。挺 想 你的，咱们 什么 时候 见
Zuótiān gāng dào. Tǐng xiǎng nǐ de, zánmen shénme shíhou jiàn
一面？
yí miàn?

C：明天 吧。明天 是 星期六，我 不 上 班。
Míngtiān ba. Míngtiān shì xīngqīliù, wǒ bú shàng bān.

2

B：王 丽，两 天 前 我 给 你 发了一 封 电子 邮件，
Wáng Lì, liǎng tiān qián wǒ gěi nǐ fāle yì fēng diànzǐ yóujiàn,
你 收到 了 没有？
nǐ shōudào le méiyǒu?

C：前天 我 陪 老板 去 外地 出 差 了，昨天 下午 刚
Qiántiān wǒ péi lǎobǎn qù wàidì chū chāi le, zuótiān xiàwǔ gāng
回来，还没 来得及 上 网 看 邮箱 呢。
huílai, hái méi láidejí shàng wǎng kàn yóuxiāng ne.

B：打 你 的 手机 也 老 占 线，最近 忙 什么 呢？
Dǎ nǐ de shǒujī yě lǎo zhàn xiàn, zuìjìn máng shénme ne?

C：有个小秘密你别告诉别人：我交了个男朋友。

Yǒu ge xiǎo mìmì nǐ bié gàosu biérén: wǒ jiāole ge nán péngyou.

这事儿我爸我妈还不知道呢。

Zhè shìr wǒ bà wǒ mā hái bù zhīdào ne.

B：我就知道，有了男朋友就不理朋友了。

Wǒ jiù zhīdao, yǒule nán péngyou jiù bù lǐ péngyou le.

## 注释 Zhùshì 설명

### 1 喂 여보세요.

“喂”是叹词，表示打招呼，是打电话和接电话时常常先说的第一句话，相当于韩语的“여보세요”。打电话时“喂”可以读“wèi”，也可以读“wéi”，读第二声显得口气更柔和一些。

“喂”는 감탄사이며 인사말이다. 전화를 걸 때나 전화를 받을 때에 먼저 하는 말이 바로 “喂”이다. 한국어의 “여보세요”에 해당한다. 전화할 때에는 “喂”를 “wèi”로 발음할 수 있을 뿐만 아니라 “wéi”로도 발음할 수 있다. 제 2 성으로 읽으면 제 4 성보다 말씨가 더 부드러워진다.

**注意：** 韩语的“여보세요”可以用来招呼陌生人而不失礼貌，用汉语的“喂(wèi)”当面招呼一个中国人时，语感上接近于韩语的“이봐!”，是很不客气的，应慎用。向陌生人问话时可以先说“对不起”，会显得更有礼貌。体会以下例句中“喂”的不同读法和语气：

**주의：** 한국어에서 낯선 사람을 불러서 주의를 환기하고 싶을 때에 “여보세요”로 불러도 큰 실례가 되지 않지만, 중국어를 사용할 때에 가까이 있는 어떤 중국인을 보고 “喂(wèi)”라고 하면 한국어의 “이봐!”와 비슷한 어감이 든다. 즉 예의없는 말씨가 되기 때문에 조심해야 한다. 따라서 낯선 중국인에게 뭘 물어볼 경우 “喂” 대신에 “对不起”로 시작하는 것이 더 예의바른 말씨이다. 다음 예문에 나타난 “喂”의 다양한 발음법과 어감에 주의하라:

(1)（남자 전화할 때）
　　喂(wèi)，我是汉华公司的韩大海。我找你们公司的陈老板。
(2)（여자 전화할 때）
　　喂(wéi)，学东哥，我是小英，今晚你有空儿吗？
(3)（화가 날 때） 喂(wèi)，你怎么能这样说！
(4) 喂，去北京大学怎么走？（실례되는 말씨）
　　对不起，请问去北京大学怎么走？（예의바른 말씨）
(5) 喂，再来一碗米饭！（실례되는 말씨）
　　小姐，请再来一碗米饭！（예의바른 말씨）

### 2 您是哪位？　누구십니까?

"您"是"你"的尊敬说法，"位"又是含有敬意的量词，"您是哪位"相当于韩语的"누구십니까"，而"你是谁"近似于韩语的"너는 누구냐"，"您是哪位"比"你是谁"更为客气和有礼貌。

"您"은 "你"의 존칭이고, 또한 "位"는 공경하는 뜻을 나타내는 양사이다. "您是哪位"는 한국어의 "누구십니까"에 해당하고,"你是谁"는 한국어의 "너는 누구냐"와 비슷하다. 그래서 "您是哪位"는 "你是谁"보다 훨씬 공손하고 예 의바르다.

### 3 没听出来我的声音吗？　내 목소리 못 알아듣겠니?

"动词＋出来"常表示人或者事物随动作由隐蔽到显露，近似于韩语的"~해내다"。如：

"动词+出来"는 보통 사람이나 사물의 모습이 그 동사의 동작에 동반하여 은폐된 상태에서 노출된 상태로 드러남을 나타낸다. 한국어의 "~해내다"의 뜻과 비슷하다. 예:

(1) 你没看出来吗？李家和是个好心人。
(2) 你怎么能做出来这种事！
(3) 我想出来一个很好听的名字。

### 4 你现在在韩国还是在中国？
너 지금 한국에 있니 아니면 중국에 있니?

句中的"还是"是连词，用于疑问句中表示选择，相当于韩语的"~아니면"，

但不能用于陈述句。陈述句中可用"或者"表达同样的意思。如：

여기서 "还是"는 접속사이며, 의문문에 쓰여 선택을 나타낸다. 한국어의 "~아니면"에 해당하다. 단, 이 "还是" 는 서술문에서는 사용하지 못한다. 서술문에서는 "还是" 대신에 "或者"를 써야 한다. 예:

(1) 您吃面包还是吃米饭？
　　——吃面包或者米饭都行。(○)
　　——吃面包还是米饭都行。(×)
(2) 你想去还是不想去？——我想去。
(3) 我想去北京或者上海留学。(○)
　　我想去北京还是上海留学。(×)

### 5 "刚才"和"刚"　"刚才"와 "刚"

"刚才"和"刚"意思差不多，但词类不同。"刚"是副词，只能用于动词之前；而"刚才"是名词，位置比较灵活，除了用于动词前，也常用于形容词和主语之前。"刚才"相当于韩语的"방금"，"刚"接近于韩语的"지금 막"。如：

"刚才"와 "刚"은 의미에서 비슷하지만 속한 품사가 다르다. "刚"은 부사로서 동사 앞에만 붙일 수 있고；"刚才"는 명사로서 붙일 수 있는 위치가 비교적 다양하다. 동사 앞에 붙일 수도 있고 형용사나 주어 앞에도 붙일 수 있다. "刚才"는 한국어의 "방금"에 해당하고 "刚"은 한국어의 "지금 막"과 비슷하다. 예:

(1) 他刚回来。
　　我刚考完试。
(2) 刚才我去洗手间了。(○)
　　刚我去洗手间了。(×)
(3) 跟刚才一样疼。(○)
　　跟刚一样疼。(×)
(4) 你刚才很高兴，怎么现在不高兴了？(○)
　　你刚很高兴，怎么现在不高兴了？(×)

### 6 你收到了没有？　받아보았어 못 받아보았어?

"收"后面的"到"是结果补语，表示动作达到目的或有了结果，类似于韩语的"~하게 되었다"。如：

"收"뒤에 붙어 있는 "到"는 결과보어이며, 동작의 목적이 이루어졌거나 어떤 결과를 얻었음을 나타낸다. 한국어의 "~하게 되었다"와 비슷하다. 예:

(1) 昨天晚上你见到他了吗？——他没来，我没见到他。
(2) 你买到那本书了吗？——没买到。都卖完了。
(3) 我们都认识到这个问题很重要。

"你收到了没有？"是一个正反疑问句，"没有"放在句尾，相当于韩语的"~했어요 안(못) ~했어요?""你收到了吗？"是一般疑问句。如：

"你收到了没有?"의 형태를 정반의문문이라 한다. "没有"를 문장 끝에 붙여서 한국어의 "~했어요 안(못) ~했어요?"의 형태에 해당하게 되었다. "你收到了吗?"의 형태는 일반의문문이라 한다. 예:

(1) 你们早上吃饭了没有？(你们早上吃饭了吗？)
(2) 你今天上网看邮箱了没有？(你今天上网看邮箱了吗？)

### 7 还没来得及上网看邮箱呢。
인터넷에 접속하여 우편함을 확인할 시간조차도 없었다.

"来得及"表示还有时间，能够顾到或赶上。后面只能带动词，相当于韩语的"~할 시간이 있다"或"늦지 않다 "。"来得及"的反义语是"来不及"，相当于韩语的"~할 시간이 없다"或"너무 늦다"。如：

"来得及"는 시간적으로 충분히 짬을 낼 여유가 있거나 그 시간 안에 다다를 수 있음을 나타낸다. "来得及" 뒤에는 동사만 올 수 있다. 한국어의 "~할 시간이 있다" 혹은 "늦지 않다"에 해당한다. "来得及"의 반대말은 "来不及"이고, 한국어의 "~할 시간이 없다" 혹은 "너무 늦다"에 해당한다. 예:

(1) 现在去，来得及来不及？——已经十点了，来不及了。
(2) 只有一个小时的时间，你来得及回家吗？
(3) 今天早上我没来得及吃早饭。
(4) 来不及了，我先走了！

### 8 我就知道 그럴 줄 알았다

"我就知道"相当于韩语口语中的"그럴 줄 알았다 "，表示对某事的发生早有预料。如：

"我就知道"는 한국어 입말에 잘 쓰이는 "그럴 줄 알았다"에 해당하며, 어떤 일의 발생에 대하여 미리 예상하고 있었음을 나타낸다. 예:

(1) 我就知道你想去。
(2) 我就知道他要谈这个问题。

### 9 有了男朋友就不理朋友了。
### 남자 친구가 생기더니 친구는 상대하지도 않는구나.

句中的"就"承接上文，得出某个结论，相当于韩语的"~하니까"或者"~하더니"。如：

여기서 "就"는 앞절을 받아 어떤 결론을 이끌어낸다. 한국어의 "~하니까" 혹은 "~하더니"에 해당한다. 예:

(1) 不想吃就别吃。
(2) 价钱贵就不买了。
(3) 不爱我就别理我。

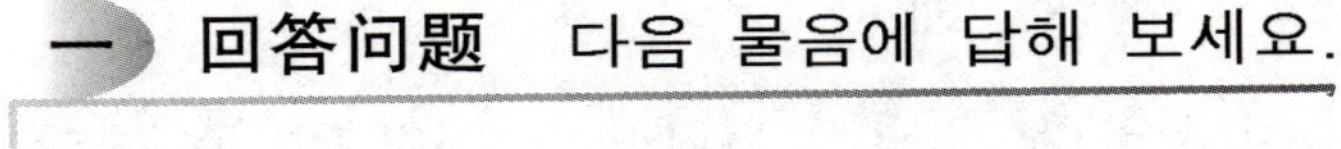
## 练习 Liànxí 연습

### 一 回答问题 다음 물음에 답해 보세요.

1. 你最经常给谁打电话？
2. 你喜欢韩国电影还是美国电影？为什么？
3. 你喜欢夏天还是喜欢春天？为什么？
4. 你每天上网看几次邮箱？每天大概收到几封电子邮件？
5. 你最近忙什么？
6. 你父母常出差吗？
7. 好久不见的朋友，你能听出来他(她)的声音吗？
8. 你觉得自己唱歌的声音好听不好听？
9. 如果你交了男(女)朋友，你先告诉朋友还是先告诉父母？
10. 你家的电话号码是多少？
11. 你的手机号是多少？

## 二 替换练习 바꾸어서 말하세요.

1.

| | | |
|---|---|---|
| 我姐姐还没找<br>我也听<br>我们注意<br>这是他第三次谈<br>王老板问 | 到 | 她的白马王子。<br>刚才有人叫你的名字。<br>这几个中国学生都会说韩国语。<br>这个问题。<br>你的工作经验,我说你在一家美国公司工作过。 |

2.

| | | |
|---|---|---|
| 你听<br>那本书你写<br>我能看<br>你是怎么想 | 出来 | 这是谁的声音了吗?<br>了吗?<br>他对这件事兴趣不大。<br>的?太棒了! |

3.

| | | |
|---|---|---|
| 我只跟他<br>我跟王先生一共<br>周末你有空吗?我想跟你<br>忙什么呢?跟你 | 见 | 过一面。<br>过两面,一次是在北京,一次是在韩国。<br>一面,咱们好好谈谈。<br>一面怎么这么难? |

4.

| | | |
|---|---|---|
| 想得奖学金<br>想去中国旅行<br>他家里的电话占线你<br>这次来不及 | 就 | 得好好学习。<br>得打工挣钱。<br>打他的手机。<br>下次做吧。 |

## 三 选词填空 보기에서 골라 빈칸을 채우세요.

| | | | | | | |
|---|---|---|---|---|---|---|
| 来得及 | 来不及 | 封 | 找 | 稍 | 占线 | 别人 |
| 出差 | 种 | 坏 | 陪 | 礼貌 | 错 | |

1. 刚才你的手机一直________,你跟谁说话呢?
2. 老板要去中国________,我得给他当翻译。
3. 请________等,他去洗手间了。
4. 我觉得他是好人,不是什么________人。
5. 我不喜欢这________没礼貌的人。
6. 明天你________奶奶去医院,行吗?

7. 对不起,因为上午有考试,我没________告诉你这件事。
8. 你对爷爷奶奶说话应该有________。
9. 我在姐姐的桌子上________到了那本书。
10. 时间________了,你先走吧,我可以帮你照顾南南。
11. 你看________了,她是我姐姐,不是我妹妹。
12. 你写________了,这个字是"帅哥"的"帅",不是"老师"的"师"。
13. 这个秘密________都不知道,我只告诉你一个人,因为你是我的好朋友。
14. 昨天我给你发了两________电子邮件,你都收到了吗?

## 四 模仿例句改写句子 보기와 같이 바꾸어 써보세요.

*A* 例 你收到了吗? → 你收到了**没有**?

1. 昨天他来公司上班了吗? →
2. 你听出来我的声音了吗? →
3. 上个星期你接到过他的电话吗? →
4. 你陪你爱人去买衣服了吗? →

*B* 例 你怎么不打他的手机? (打他的手机占线)
→ 打他的手机**老**占线。

1. 你弟弟怎么学习不太好啊? (他爱玩儿)→
2. 这件衣服你怎么不买了? (我觉得价钱太贵)→
3. 你怎么不太高兴啊? (他不理我)→
4. 你担心什么? (我担心你身体不好)→

## 五 选词填空 알맞는 단어를 골라 빈칸을 채우세요.

1. 还是 或者

(1) 明天王丽________陈海陪你去那家公司。
(2) 你爱吃韩国菜________日本菜?
(3) 你给他打电话________发电子邮件?
(4) 打我的手机________我家的电话都可以。

2. 刚才 刚

(1) ________那个人很没礼貌。
(2) 我________回家他就打来了电话。
(3) 我和他________认识,他有什么秘密我当然不知道。
(4) ________很渴,喝了很多水。

3. 再 又

(1) 昨天我________给你发了一封电子邮件。
(2) 你放心,我________给他打个电话。
(3) 这家商店________打折了！这已经是第三次打折了！
(4) 有机会我想________去中国旅行。

4. 非常 极了

(1) 他________有礼貌,我对他印象很好。
(2) 他的声音大________,我们都听见了。
(3) 好玩儿________,你玩儿了就不想回家,真的。
(4) 这种苹果好吃________,个儿也________大。

## 六 填写意思相反的词语 반대말을 적어보세요.

例 昨天 → 明天

1. 后天 →
2. 下班(퇴근하다) →
3. 来不及 →
4. 没意思 →
5. 有礼貌 →
6. 大号 →
7. 对 →
8. 饿 →
9. 好 →
10. 父亲 →
11. 开学 →
12. 贵 →

## 七 填空并熟记以下电话常用语句
빈칸을 채우고, 다음의 전화에 관련된 상용어구를 암기하세요.

1. 전화 좀 받아보세요.
→ 你________一下电话。

2. 그에게서 온 전화를 받아보았니? → A：你接________他的电话了吗？
그에게서 온 전화를 못 받았어. → B：我没接________他的电话。

3. 그의 휴대폰에 전화 좀 해봐.
→ A：你________一下他的手机。
그의 휴대폰이 계속 통화중이어서 연결이 되지 않았어.
→ B：他的手机一直________，________（dǎ bu tōng）。

4. 내가 너에게 메시지 하나를 보냈는데, 받아보았어?
→ A：我给你发了一条________（duǎnxìn），收到了吗？
너의 메시지를 잘 받아보았어.
→ B：你的________我收到了。

5. 내 휴대폰 전기가 다 떨어졌어. 충전해야겠다.
→ 我的手机没________（diàn）了，得________（chōng diàn）。

6. 미안합니다. 잘못 걸었습니다.
→ 对不起，你打________了。

7. 실례지만 누구십니까?
→ 请问您是哪________？

8. 지금은 수업시간 중이라서 휴대폰을 꺼주세요.
→ 现在是上课时间，请________（guān jī）。

9. 너는 그와 연락이 닿았니?
→ A：你跟他________（liánxì）上了吗？
아직 연락이 닿지 않았어. 그의 휴대폰이 계속 꺼져 있어.
→ B：还没________上，他的手机一直________。

10. 부탁이 하나 있습니다. 그에게 말을 좀 전해 주실 수 있겠습니까?
→ 有件事，麻烦（máfan）您________（zhuǎngào）他，可以吗？

（보기：打不通　到　位　电　转告　打　关机
错　充电　接　联系　短信　占线）

## 八 练习用汉语打电话 중국어로 전화하기 연습.

1. 给你的中国朋友(或你的中国老师)打电话。
2. 给你朋友家打电话,你朋友不在,朋友的母亲接的电话。

# 第六课 我 感冒 了

Wǒ gǎnmào le

난 감기에 걸렸어

## 生词 Shēngcí 새단어

| | | | |
|---|---|---|---|
| 1. 感冒 | gǎnmào | 명 동 | 감기(에 걸리다) |
| 2. 躺 | tǎng | 동 | 눕다 |
| 3. 着 | zhe | 조 | ~해 있다. ~하고 있다 |
| 4. 睡 | shuì | 동 | (잠을) 자다 |
| 5. 一会儿 | yíhuìr | | 잠시. 잠깐 동안 |
| 6. 睡懒觉 | shuì lǎnjiào | | 늦잠을 자다 |
| 7. 起床 | qǐ chuáng | | 일어나다. 기상하다 |
| 8. 迟到 | chídào | 동 | 지각하다 |
| 9. 哎哟 | āiyō | 감 | 아야! 어머나! 아이고! |
| 10. 恐怕 | kǒngpà | 부 | 아마 ~일 것이다 |
| 11. 了 | liǎo | 조 | "得"나 "不"와 연용하여 동사 뒤에 놓여서 가능이나 불가능을 나타냄 |
| 12. 浑身 | húnshēn | 명 | 온몸. 전신 |
| 13. 劲儿 | jìnr | 명 | 힘 |
| 14. 头 | tóu | 명 | 머리 |
| 15. 摸 | mō | 동 | (손으로) 짚어보다. 더듬다. 만지다 |

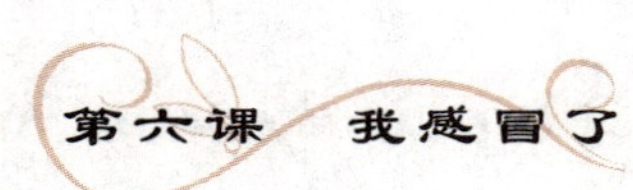

| | | | | |
|---|---|---|---|---|
| 16. | 额头 | étóu | 명 | 이마 |
| 17. | 哟 | yō | 감 | 어머! 아니. (놀라거나 의문이 생겼을 때 가벼운 놀람과 약간의 장난끼를 나타냄) |
| 18. | 烫 | tàng | 형 | 뜨겁다 |
| 19. | 正在 | zhèngzài | 부 | 마침(한창) ~하고 있는 중이다 |
| 20. | 发烧 | fā shāo | | 열이 나다 |
| 21. | 看来 | kànlái | | 보기에. 보아하니 |
| 22. | 病 | bìng | 명 동 | 병. 앓다 |
| 23. | 向 | xiàng | 개 | ~에. ~에게(행동의 대상을 가리킴) |
| 24. | 请假 | qǐng jià | | 휴가를 신청하다. (결석, 결근, 조퇴, 외출 등의)허가를 받아내다 |
| 25. | 不舒服 | bù shūfu | | 편찮다. 불편하다. 불쾌하다 |
| 26. | 复习 | fùxí | 동 | 복습하다 |
| 27. | 连着 | liánzhe | | 잇달아. 연속적으로 |
| 28. | 熬夜 | áo yè | | 밤샘하다 |
| 29. | 咳嗽 | késou | 동 | 기침하다 |
| 30. | 流鼻涕 | liú bítì | | 코물이 흐르다 |
| 31. | 嗓子 | sǎngzi | 명 | 목(구멍) |
| 32. | 变 | biàn | 동 | 변하다 |
| 33. | 开药 | kāi yào | | 처방전을 쓰다 |
| 34. | 大夫 | dàifu | 명 | 의사 |
| 35. | 按时 | ànshí | 부 | 제시간에. 규정된 시간대로 |
| 36. | 大概 | dàgài | 부 | 아마도. 한 ~정도 |

## 课文 Kèwén 본문

### 1

A：善英，都七点半了，还在床上躺着！

Shànyīng, dōu qī diǎn bàn le, hái zài chuáng shang tǎngzhe!

B：我再睡一会儿。

Wǒ zài shuì yíhuìr.

A：别睡懒觉了，再不起床就迟到了。

Bié shuì lǎnjiào le, zài bù qǐ chuáng jiù chídào le.

B：哎哟，我恐怕上不了课了。浑身没劲儿，头疼。

āiyō, wǒ kǒngpà shàng bu liǎo kè le. Húnshēn méi jìnr, tóu téng.

A：我摸摸你的额头。哟，这么烫！你正在发烧。

Wǒ mōmo nǐ de étóu. Yō , zhème tàng! Nǐ zhèngzài fā shāo.

B：看来我得去医院看病。你帮我向老师请一下假。

Kànlái wǒ děi qù yīyuàn kàn bìng. Nǐ bāng wǒ xiàng lǎoshī qǐng yíxià jià.

A：行。

Xíng.

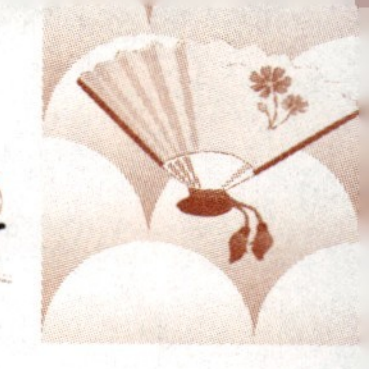

2

A：你 哪儿不 舒服？
Nǐ nǎr bù shūfu?

B：我 最近 正在 复习 考试，连着 好几 天 熬 夜。昨天 下午 开始 咳嗽、流 鼻涕。
Wǒ zuìjìn zhèngzài fùxí kǎoshì, liánzhe hǎojǐ tiān áo yè. Zuótiān xiàwǔ kāishǐ késou、liú bítì.

A：嗓子 疼 不 疼？
Sǎngzi téng bu téng?

B：嗓子 也 很 疼，声音 都 变 了。
Sǎngzi yě hěn téng, shēngyīn dōu biàn le.

A：你 得了 感冒，我 给 你 开点儿 药。
Nǐ déle gǎnmào, wǒ gěi nǐ kāidiǎnr yào.

B：大夫，我 的 感冒 多 长 时间 能 好？
Dàifu, wǒ de gǎnmào duō cháng shíjiān néng hǎo?

A：按时 吃 药，多 喝 水，好好儿 休息，大概 一 个 星期 就 能 好。
Ànshí chī yào, duō hē shuǐ, hǎohāor xiūxi, dàgài yí ge xīngqī jiù néng hǎo.

## 注释 Zhùshì 설명

### 1 我感冒了。 난 감기에 걸렸어.

"感冒"可以当动词用,也可以当名词用。"感冒"当名词用时,前面应搭配的动词是"得"。如:

"感冒"는 동사로 쓰일 수도 있고 명사로 쓰일 수도 있다. 명사로 쓰일 때에는 동사 "得"를 앞에 놓아야 한다. 예:

(1) 我感冒了,身体很不舒服。
(2) 你得了什么病?——我得了感冒,不是什么大病,别担心。

### 2 都七点半了。 벌써 7 시 30 분이 되었어.

句中的"都"是副词,跟"已经"同义,句末常用"了"呼应。"都……了"相当于韩语的"벌써 ~이(가) 되었다"或"벌써 ~하게 되었다"。如:

여기서 "都"는 부사이며, "已经"과 뜻이 같다. 문장 끝에 보통 "了"가 와서 호응한다. "都……了"는 한국어의 "벌써 ~이(가) 되었다" 혹은 "벌써 ~하게 되었다" 에 해당한다. 예:

(1) 都十二点了,弟弟还不睡觉!
(2) 都星期三了,他还没写完作业。
(3) 你都三十岁了,应该找个女朋友了。
(4) 天气都很热了,你还穿着毛衣!

"都"还可以放在主语后面表示强调,相当于韩语的"~까지"或"~조차도"。如:

"都"를 주어 뒤에 붙여 강조를 나타낼 수도 있다. 한국어의 "~까지" 혹은 "~조차도"에 해당한다. 예:

(1) 声音都变了。
(2) 自己的名字都不会写吗?

**3 还在床上躺着!** 아직 침대 위에 누워 있다.

句中的"着"是动态助词,附着在动词或形容词之后,表示一种持续的状态,相当于韩语的"~해 있다"。如:

여기서의 "着"를 동태조사라 하며, 동사나 형용사 뒤에 붙는다. "着"는 상태의 지속을 나타내며, 한국어의 "~해 있다"에 해당한다. 예:

(1) 他老在床上躺着。
(2) 你在这儿等着我。
(3) 饿着肚子,怎么工作呢?

"着"也可以表示动作正在进行,相当于韩语的"~하고 있다"。动词前面常配合出现副词"正""在"或"正在",句末常用"呢"呼应 。如:

"着"는 동작이 지금 진행되고 있음을 나타내기도 한다. 한국어의 "~하고 있다"에 해당한다. 동사 앞에 부사 "正","在" 혹은 "正在"가 와서 짝을 이루는 경우가 많고, 문장 끝에는 자주 "呢"가 와서 붙기 일쑤이다. 예:

(1) 他上着课呢。
他正上着课呢。
他在上着课呢。
他正在上着课呢。
(2) 我正做着饭呢。
(3) 大家都睡着,你说话声音小点儿。

**4 再睡一会儿。** 좀 더 잘거야.

句中的"再"表示动作的持续,相当于韩语的"더"或者"더이상"。如:

여기서 "再" 는 동작의 지속을 나타낸다. 한국어의 "더" 혹은 "더이상" 에 해당한다. 예:

(1) 再不起床就迟到了。
(2) 我想在北京再呆一个星期。
(3) 没关系,再玩一会儿。

**5 我恐怕上不了课了。** 난 아마도 수업에 못 들어갈 것 같아.

动词"上"后面的"不了"是可能补语。可能补语在口语中经常使用,表示对

行为实现的可能性作出估计,或对性状的变化作出估计。其形式是“动词+得了/不了”或者“形容词+得了/不了”。注意“了”的发音是“liǎo”。“得了”是肯定形式,相当于韩语的“~할 수 있다”或“~할 가능성이 있다”;“不了”是否定形式,相当于韩语的“~할 수 없다”或“~할 가능성이 없다”。如:

동사 “上” 뒤에 붙어 있는 “不了”를 가능보어라 한다. 가능보어는 중국인의 입말에 자주 쓰이는 형태로서, 행위의 실현가능성 혹은 상태의 변화에 대한 예측을 나타낸다. 그 형태는 “동사+得了/不了”나 “형용사+ 得了/不了” 이다. “了”의 발음은 “liǎo”임에 주의하라! “得了”는 긍정형태이며, 한국어의 “~할 수 있다” 혹은 “~할 가능성이 있다”에 해당한다. “不了” 는 부정형태이며, 한국어의 “~할 수 없다” 혹은 “~할 가능성이 없다” 에 해당한다. 예:

(1) 你今天上得了课吗?——上不了课了,我嗓子很疼。
(2) 腿好了没有?走得了路吗?——还没好,走不了路。
(3) 今天晚上你来得了来不了?——恐怕去不了了。
(4) 你放心,晚不了!还有半个小时呢。
(5) 大夫,您看我妈的病好得了吗?

### 6 你帮我向老师请一下假。
### 나 대신 선생님에게 휴가를 신청해줘.

句中的“向”是介词,相当于韩语的“~에게 ”或者“~에게서”,表示动作的方向并引进动作的对象。如:

여기서 “向”은 개사이며, 한국어의 “~에게” 혹은 “~에게서”에 해당한다. “向”은 동작의 방향을 나타내면서 동작의 대상을 끌어들인다. 예:

(1) 你可以向老师问这个问题。
(2) 请向你爸爸妈妈问好(안부를 전하다)。
(3) 你工作经验多,我应该向你学习。

**“向”和“对”有什么区别? *“向”과 “对”는 무슨 차이점이 있는가?***

“向”和“对”都可以译成韩语的“~에게 ”,二者有时可以互换使用。如:

“向”과 “对”은 모두 한국어의 “~에게” 로 번역할 수 있고, 따라서 서로 바꿔 쓸 수 있는 경우가 있다. 예:

他向我说过这件事。
他对我说过这件事。

但相对而言,"向"比较侧重强调动作的方向性(~쪽으로, ~에게, ~에게서),而"对"比较侧重强调动作的针对性(~에 대하여, ~에게)。因此"向"后面可以跟方位词,而"对"就无此用法;"对"后面常强调某个问题或某个看问题的角度,"向"则无此用法。如:

서로 대조하여 말한다면 "向"은 동작의 방향성(~쪽으로, ~에게, ~에게로)을 강조하고 "对"는 동작의 목표나 대상(~에 대하여, ~에게)을 강조한다. 그래서 "向" 뒤에 방위사가 올 수도 있지만 "对" 뒤에 방위사를 붙일 수는 없다. 또한 "对" 뒤에 어떤 문제 혹은 어떤 문제를 보는 시각을 강조하는 쓰임새가 있지만 "向"은 그러한 쓰임새가 없다. 예:

(2) 向西走,就是北京大学。(○)
对西走,就是北京大学。(×)
(3) 对这个问题你怎么看? (○)
向这个问题你怎么看? (×)
(4) 对我来说,这很重要。 (○)
向我来说,这很重要。 (×)

## 7 连着好儿天熬夜。 며칠 동안 연이어 밤샘을 했어요.

"好几"放在量词前面,带有强调的语气,表示时间长或数量大。如:

"好几"는 양사 앞에 붙어서 강조하는 어감을 갖는다. 긴 시간이나 많은 수량을 나타낸다. 예:

(1) 我等了你好几个小时。
(2) 他连着喝了好几瓶酒。
(3) 听说这次你挣了好几万美元,是真的吗?

## 练习 Liànxí 연습

### 一 回答问题 다음 물음에 답해 보세요.

1. 你是一个身体很棒的人吗？一般每年感冒几次？
2. 感冒的时候谁照顾你？
3. 哪个季节你最容易(róngyì 쉽다)感冒？
4. 你常去医院看病吗？
5. 你得过什么大病吗？
6. 你每天睡几个小时？ 睡不睡午觉(wǔjiào 낮잠)？
7. 你觉得每天睡多长时间对身体最好？
8. 你们家谁最爱睡懒觉？
9. 周末你经常睡懒觉吗？
10. 在韩国，去医院看病贵不贵？
11. 你去中国的医院看过病吗？印象怎么样？
12. 考试前一天你常熬夜吗？

### 二 替换练习 바꾸어서 말하세요.

1\.

| | | |
|---|---|---|
| 时间还早，你可以再睡 | 一会儿 | 。 |
| 你在这儿等我 | | ，别走。 |
| 刚才我跟朋友踢了 | | 足球。 |
| 吃完晚饭以后，我看了 | | 电视，就睡觉了。 |

2\.

| | |
|---|---|
| 都 | 十二点半了，还不睡！ |
| | 八月二十号了，太晚了！ |
| | 病了，还不休息！ |

3\.

| | | |
|---|---|---|
| 这么多年，他一直爱 | 着 | 你。 |
| 我们正说 | | 这件事呢，你就来了。 |
| 你们谈 | | ，我有事，先走了。 |
| 你来电话的时候，我正洗 | | 澡，接不了电话。 |

4.

| | | |
|---|---|---|
| 我们班<br>你看,他<br>爸爸<br>这家商店 | 正在 | 复习第四课和第五课。<br>海边游泳呢。<br>给谁打电话呢?<br>打折,衣服非常便宜。 |

5.

| | |
|---|---|
| 哎哟, | 疼死我了!<br>我腿疼,走不了路了。<br>饿死我了,什么时候吃饭?<br>我浑身没劲儿,恐怕去不了了。 |

6.

| | | |
|---|---|---|
| 听说她<br>哥哥<br>太忙了,我 | 连着 | 得了两次奖学金。<br>抽了好几支烟。<br>好几个星期没有休息了。 |

## 三 选词填空 보기에서 골라 빈칸을 채우세요.

| | | | | | | | |
|---|---|---|---|---|---|---|---|
| 睡懒觉 | 请假 | 向 | 对 | 复习 | 烫 | 摸 | 劲儿 |
| 哟 | 躺 | 嗓子 | 大概 | 按时 | 迟到 | 变 | 起床 |

1. 我觉得你________得更漂亮了。
2. ________,你也来了!没想到,没想到。
3. 他经常迟到,因为他老________。
4. 你晚了半个小时!你怎么老________?你这样做给人的印象很不好。
5. 每节课都应该________上课,________下课。
6. 一直________东走,就是运动场。
7. ________这个问题你有什么意见?
8. 两个人都病了,在床上________着呢。
9. 我下个星期上不了课了,得向老师________。
10. 哥哥每天早上六点半按时________,七点吃早饭,八点去学校。
11. 你真是金________,唱歌唱得真好听。
12. 因为身体不舒服,我昨晚________九点半就睡了。
13. 牛奶很________,你慢点儿喝。
14. 他个儿不高,但________很大。
15. 她________了一下我的衣服,说:“你穿得太少了。”

16. 每天晚上我都________一遍生词和课文。

## 四 模仿例句改写句子 보기와 같이 바꾸어 써보세요.

A 例 | 他正写作业呢。→ 他**正在**写作业。

1. 爷爷睡着觉呢。→
2. 奶奶在打电话呢。→
3. 我正吃着晚饭呢。→
4. 我跟张老板正谈着这件事呢。→

B 例 | 你能来上课吗? → 我**恐怕**上**不了**课**了**。

1. 这次能买电脑吗? →
2. 你能帮我吗? →
3. 他能给这么多钱吗? →
4. 你明天还能请客吗? →

C 例 | 你的额头这么烫! → **看来**你正在发烧。

1. 没人接电话。→
2. 学习好的学生考得也不好。→
3. 我头疼,咳嗽,流鼻涕。→
4. 他说他这个星期没空儿。→

D 例 | 来了八个人。→ 来了**好几**个人。

1. 他点了六个菜。→
2. 弟弟很饿,吃了四碗米饭。→
3. 他向老板请了五天假。→
4. 他们一家在中国住了四年。→

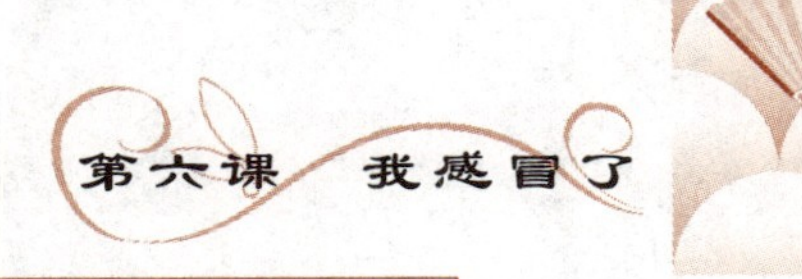


*E* 例 这种病多长时间能好？→ 大概两个星期就能好。

1. 你这次去北京得多长时间？→
2. 你这次回家得多长时间？→
3. 王先生这次出国得多长时间？→
4. 你来这儿得多长时间？→

## 五 看图填空，注意“着”和“正在”的用法

다음 그림을 보고 빈칸을 채워 보세요. “着”와 “正在”의 쓰임새에 주의하세요.

这是朴泰雄的宿舍。门______着，窗户也开着，因为天气比较热。宿舍的门上______着一张纸条儿，上面______着“来客请说汉语”。朴泰雄的宿舍不是他一个人住，他的同屋叫田中，是一个日本留学生。田中______着一件蓝色的T恤衫，______在桌子旁边，正在看一本汉语书。他的桌子上______着一本汉日词典。朴泰雄______着一件白色的T恤衫，T恤衫前面写着“别理我，烦着呢”几个字。他为什么最近老穿这件T恤衫呢？因为上个月他______女朋友分手了，心情不太好，不爱跟人说话。朴泰雄刚才去运动场跑步跑了很长时间，现在有点儿累，在床上______着。他______着耳机，正在听音乐。

| 开 | kāi | 열다 | 窗户 | chuānghu | 창문 |
|---|---|---|---|---|---|
| 贴 | tiē | 붙이다 | 纸条儿 | zhǐtiáor | 메모장 |
| 写 | xiě | 적다 | 来客 | láikè | 손님 |
| 同屋 | tóngwū | 룸메이트 | 放 | fàng | 놓다 |
| 烦 | fán | 짜증나다 | 分手 | fēnshǒu | 헤어지다 |
| 戴 | dài | 착용하다 | 耳机 | ěrjī | 이어폰 |
| 音乐 | yīnyuè | 음악 | | | |

## 六 小游戏：熟悉面部器官的汉语名称，并跟随老师或同桌的指令快速指认面部器官

안면기관 명칭놀이: 안면기관의 중국어 명칭을 익혀서 선생님이나 옆 학우가 시키는대로 되도록 빠르고 정확하게 손가락으로 가리켜 보세요.

| 脸 | liǎn | 얼굴 | 头发 | tóufa | 머리카락 |
|---|---|---|---|---|---|
| 眼睛 | yǎnjing | 눈 | 耳朵 | ěrduo | 귀 |
| 鼻子 | bízi | 코 | 嘴 | zuǐ | 입 |
| 牙齿 | yáchǐ | 이빨 | | | |

## 七 情景会话 다음 상황에 따라 회화연습을 해보세요.

1. 你跟朋友约好了星期六下午去他的学校看他，但是星期六早上起床以后你觉得身体很不舒服，你打电话给朋友取消约会。
2. 因为拉肚子，你不能去上课了，你打电话向老师请假。
3. 你的朋友得了重感冒，但是她不会说汉语。你陪她去中国医院看病。

| 约好 | yuē hǎo | ~하기로 약속하다 |
|---|---|---|
| 取消 | qǔxiāo | 취소하다 |
| 拉肚子 | lā dùzi | 설사하다 |
| 重感冒 | zhòng gǎnmào | 심한 감기 |

# 第七课　迟到

Chídào

지각

## 生词 Shēngcí 새단어

| | | | |
|---|---|---|---|
| 1. 怎么回事 | zěnme huí shì | | 어떻게 된 일이냐? |
| 2. 才 | cái | 부 | (~에야) 비로소. 겨우 |
| 3. 路 | lù | 명 양 | 길. (운수 기관 따위의) 노선 |
| 4. 堵车 | dǔ chē | | 길이 막히다 |
| 5. 把 | bǎ | 개 | 일반적으로 동작/작용의 대상을 동사 앞으로 전치(前置)시키는 역할을 함 |
| 6. 关 | guān | 동 | 끄다. 닫다 |
| 7. 通 | tōng | 동 | (막힌 것이 없이) 통하다 |
| 8. 急 | jí | 동 | 애태우다. 속타게 하다 |
| 9. 忘 | wàng | 동 | 잊다 |
| 10. 坐 | zuò | 동 | 앉다. (탈것에) 타다 |
| 11. 地铁 | dìtiě | 명 | 지하철 |
| 12. 出租车 | chūzūchē | 명 | 택시 |
| 13. 开 | kāi | 동 | 운전하다. 열다. 켜다 |
| 14. 车 | chē | 명 | 차 |

| | | | |
|---|---|---|---|
| 15. 花 | huā | 동 | 소비하다. 쓰다 |
| 16. 抱歉 | bàoqiàn | 형 | 죄송하다. 미안하게 생각하다 |
| 17. 久 | jiǔ | 형 | 오래되다. (시간이) 길다 |
| 18. 讨厌 | tǎoyàn | 형 | 미워하다. 싫다 |
| 19. 改 | gǎi | 동 | 고치다. 바로잡다 |
| 20. 毛病 | máobìng | 명 | 나쁜 버릇. 흠 |
| 21. 生气 | shēng qì | | 화내다. 성내다 |
| 22. 道歉 | dào qiàn | | 사과하다 |
| 23. 站 | zhàn | 명 | 정류장. 역 |
| 24. 下 | xià | 동 | 내리다 |
| 25. 倒 | dǎo | 동 | 갈아타다 |
| 26. 公共汽车 | gōnggòng qìchē | | 버스 |
| 27. 带 | dài | 동 | (몸에) 지니다. 가지다. 휴대하다 |
| 28. 泡菜 | pàocài | 명 | 김치 |
| 29. 进 | jìn | 동 | (바깥으로부터 안으로) 들다 |
| 30. 出 | chū | 동 | (안에서 밖으로) 나가다(나오다) |
| 31. 放 | fàng | 동 | 놓다 |
| 32. 懂 | dǒng | 동 | 알다. 이해하다 |
| 33. 西直门 | Xīzhímén | 고유 | 시즈먼(베이징의 지명) |

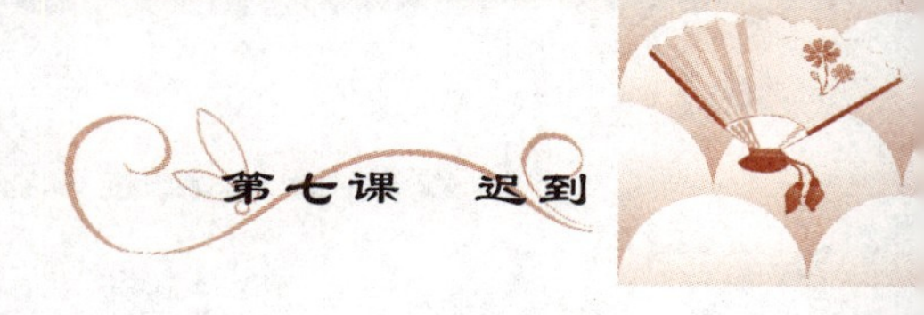

## 课文 Kèwén 본문

1

A：怎么 回 事？ 现在 才 来。

Zěnme huí shì? Xiànzài cái lái.

B：对不起，路 上 堵 车 了。

Duìbuqǐ, lù shang dǔ chē le.

A：你 是 不 是 把 手机 关 了？打 你的 手机 也 打 不 通，真 急人！

Nǐ shì bu shì bǎ shǒujī guān le? Dǎ nǐ de shǒujī yě dǎ bu tōng, zhēn jí rén!

B：我 的 手机 没 电 了，昨天 晚上 忘了 充 电 了。

Wǒ de shǒujī méi diàn le, zuótiān wǎnshang wàngle chōng diàn le.

A：你 是 坐 地铁 来 的 还是 坐 出租车 来 的？

Nǐ shì zuò dìtiě lái de háishi zuò chūzūchē lái de?

B：我 开 车 来 的。

Wǒ kāi chē lái de.

A：路 上 花了 多 长 时间？

Lù shang huāle duō cháng shíjiān?

B：大概 四十 分钟。

Dàgài sìshí fēnzhōng.

2

A：抱歉！ 让 你 久 等 了。

Bàoqiàn! Ràng nǐ jiǔ děng le.

B：讨厌， 又 迟到 了！ 你 怎么 就 不 能 改改 你 这 个 坏 毛病！

Tǎoyàn, yòu chídào le! Nǐ zěnme jiù bù néng gǎigai nǐ zhè ge huài máobìng!

A：行 了，别 生 气了，我 不 是 已经 向 你 道 歉 了 吗？

Xíng le, bié shēng qì le, wǒ bú shì yǐjing xiàng nǐ dào qiàn le ma?

B：去 王 丽 家 怎么 走？

Qù Wáng Lì jiā zěnme zǒu?

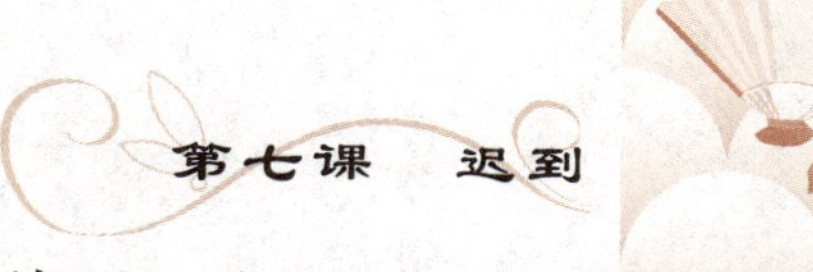

A：先坐地铁，到西直门站下车，然后倒375路公共汽车。
Xiān zuò dìtiě, dào Xīzhímén Zhàn xià chē, ránhòu dǎo sānqīwǔ lù gōnggòng qìchē.

B：你把王丽的书带来了吗？
Nǐ bǎ Wáng Lì de shū dàilai le ma?

A：带来了。我还给她带了一包韩国泡菜。
Dàilai le. Wǒ hái gěi tā dàile yì bāo Hánguó pàocài.

## 注释 Zhùshì 설명

### 1 怎么回事？ 어떻게 된 일이냐?

"怎么回事"在口语中用于询问事情的原因或详细情况，常带有不悦和责问的语气，相当于韩语的"어떻게 된 일이냐?"。如：

입말에서는 "怎么回事"로써 사건의 원인이나 자세한 사정을 묻게 된다. 불쾌한 기분을 띠거나 따져묻는 어감을 갖는 경우가 많다. 한국어의 "어떻게 된 일이냐?"에 해당한다. 예:

(1) 你怎么回事？来得这么晚！
(2) 老板说打折，你说不打折。这是怎么回事？
(3) 怎么回事？你昨晚没回家，去哪儿了？

### 2 副词"才"和"就" 부사 "才"와 "就"

"才"是副词，一般表示事情发生得晚、慢或进行得不顺利，相当于韩语的"겨우""비로소"或"이제서야"；"就"与"才"相反，一般表示事情发生得早、快或进行得顺利，相当于韩语的"바로""곧"或"벌써"。如：

"才"는 부사이며, 일의 발생이 늦었거나 느린 것, 혹은 일의 진행이 순조롭지 못함을 나타낸다. "才"는 한국어의 "겨우","비로소" 혹은 "이제서야"에 해당한다. 반면 "就"는 일의 발생이 아주 이르거나 빠른 것, 혹은 일의 진행이 순조로움을 나타낸다. "就"는 한국어의 "바로","곧" 혹은 "벌써"에 해당한다. 예:

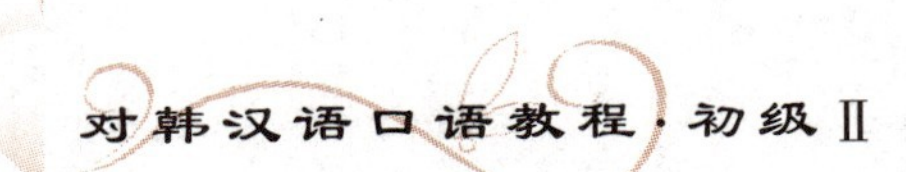


(1) 我跟他约好了八点钟见面，我七点半就到了，但他八点半才到。
(2) 我一岁就会说话了，但我弟弟四岁才会说话。
(3) 妈妈早上六点就起床了，智贤八点半才起床。

### 3 你是不是把手机关了？ 너 혹시 휴대폰을 꺼두지 않았어?

"把"是介词，跟名词或代词组合，用于动词前面，类似于韩语的"을(를)"，表示处置或致使。"把"字句在口语中经常使用，"把"后面的名词或代词一般就是后面动词的受事。注意"把"字句里的动词后面一般都要带其他成分，而不能用单个动词。如：

"把"는 개사이며, 명사나 대명사와 결합하여 동사에 앞서서 쓰인다. 한국어의 "을(를)"와 비슷하고, 어떤 처분을 받는 대상이나 어떤 결과에로 내몰리는 사물을 이끈다. "把"자문은 입말에 잘 쓰이는 구조이며, "把"뒤에 붙이는 명사나 대명사가 보통 뒤에 나오는 동사의 목적어가 된다. 주의해야 할 점은 "把"자문에 있는 동사 뒤에 보통 다른 성분이 붙어 있어야 하며 동사 단독으로만 사용되지는 않는다는 것이다. 예:

(1) 请把门关上。（请关上门。）(○)
　　请把门关。(×)
(2) 你把王丽的书带来了吗？（你带来王丽的书了吗？）(○)
　　你把王丽的书带吗？(×)
(3) 我把你的名字写错了。
(4) 你还没把这本书看完吧？

### 4 打你的手机也打不通。
### 네 휴대폰에 전화해봤지만 연결이 되지 않았어.

"打不通"的"不通"是可能补语，译为韩语为"연결이 되지 않다"。这类可能补语表示是否有实现的可能性，其肯定形式是"动词＋得＋结果补语／趋向补语"，如"打得通""回得来"；否定形式是"动词＋不＋结果补语／趋向补语"，如"打不通""回不来"。比较下面的例句：

"打不通"의 "不通"은 가능보어이며, 한국어에서 "연결이 되지 않다"로 번역된다. 이러한 종류의 가능보어는 실현의 가능성이 있는가 혹은 없는가를 나타낸다. 긍정형태는 "동사+得+결과보어/방향보어"의 모양이 된다. 예를 들어 "打得通", "回得来"등이 있을 수 있다. 부정형태는 "동사+不+결과보어/방향보어"의 모양이 된다. 예를 들어 "打不通", "回不来"등이 있을 수 있다. 다음 예문을 비교해 보라:

(1) 电话打通了吗？——打通了。("通" 은 결과보어이다)

전화가 연결되었습니까?——연결되었어요.

电话打得通打不通？——打不通，他关机了。

전화를 연결할 수 있어요 없어요? ——연결할 수 없어요. 그가 휴대폰을 꺼두었어요.

(2) 那本书你买到了吗？——没买到。("到"는 결과보어이다)

这本书在北京买得到吗？——恐怕买不到。

(3) 他已经回来了。("来"는 방향보어이다)

你十点以前回得来回不来？——回不来。

(4) 我听出来了，是泰雄的声音。("出来"는 방향보어이다)

这是谁的声音，你听得出来吗？——听得出来，这是泰雄的声音。

### 5 路上花了多长时间？ 오는 길에 시간이 얼마나 걸렸어?

句中的"花"是动词，指耗费时间、金钱、精力等，相当于韩语的"쓰다"或"소비하다"。如：

여기서 "花"는 동사이며 시간, 돈 혹은 힘이 들었음을 나타낸다. 한국어의 "쓰다" 혹은 "소비하다"에 해당한다. 예:

(1) 这次去中国旅行，你花了多少钱？——我大概花了一百万韩币。

(2) 你来这儿花了多长时间？——花了两个小时。

(3) 坐地铁去那儿大概得花半个小时。

### 6 你把王丽的书带来了吗？ 왕리의 책을 가져왔니?

"带来"的"来"是趋向补语。趋向补语附着于动词之后，表示动作的趋向。趋向补语有两种：

"带来"에서 "来"는 방향보어이다. 방향보어는 동사 뒤에 붙어 동작의 방향을 나타낸다. 방향보어에는 두 가지가 있다:

1. 简单趋向补语："来、去、上、下、过、回、进"等。如：

단순방향보어: "来、去、上、下、过、回、进" 등. 예:

(1) 爸爸买来一台电脑。

(2) 你什么时候回去？

(3) 快进来。

(4) 你想不想出去玩儿？
(5) 关上你的手机。
(6) 你把书包放下，坐一会儿。

2. 复合趋向补语："上、下、过、回、进"等后面加上"来"或"去"。如：

복합방향보어: "上、下、过、回、进"등의 뒤에 "来" 혹은 "去"가 붙는다. 예:

(1) 山很高，但他还是爬上去了。
(2) 走过来得花多长时间？
(3) 这么多书，你都带回去吗？

**7 我还给她带了一包韩国泡菜。**
**게다가 그녀에게 한국 김치 한 봉지를 가져왔어.**

句中的"还"是副词，带有强调的语气，表示进一层的意思，相当于韩语的"또한"或"게다가"。如：

여기서 "还"는 부사이며, 강조의 어투를 지니고 점층의 의미가 갖는다. 한국어의 "또한" 혹은 "게다가"에 해당한다. 예:

(1) 他忘了今天是星期六，还忘了今天是我的生日。
(2) 他没向我道歉，还说是我不对。
(3) 他昨天回来了，还给你带来很多礼物。

##  练习 Liànxí 연습

### 一 回答问题 다음 물음에 답해 보세요.

1. 你会开车吗？你开车开得怎么样？
2. 你爱吃泡菜吗？ 一个月不吃泡菜受(shòu 참다)得了吗？
3. 你自己会做泡菜吗？你们家吃的泡菜是你妈妈做的吗？
4. 住在北京，一个月得花多少钱？
5. 出去的时候，你一般坐出租车还是坐公共汽车和地铁？
6. 你觉得北京的地铁方便(fāngbiàn 편리하다)，还是首尔(Shǒu'ěr 서울)的地铁方便？

7. 你家附近有地铁站和公共汽车站吗？
8. 你们学校附近有没有地铁站？你经常坐几路公共汽车？
9. 你有没有爱迟到的毛病？
10. 你有没有应该改的坏毛病？
11. 你每天花多长时间学习汉语？
12. 你每天花多长时间运动？

## 二 把下面的句子翻译成韩语，注意可能补语和趋向补语的用法

가능보어와 방향보어의 쓰임새에 주의하여 다음 문장들을 한국어로 번역하세요.

1. 看得出来，他对这件事很有意见。

2. 我吃得出来，这是市场上买来的泡菜，不是妈妈做的泡菜。

3. 听得出来，他很羡慕你有这么漂亮的女朋友。

4. 他来不了这么早，我知道他改不了睡懒觉的坏毛病。

5. 你放心，我很省钱，花不了这么多。

6. 别放太多辣椒，我这位北京朋友吃不了太辣的菜。

7. 这件事我帮不了你，你得自己努力。

8. 天气不太好，出去的时候别忘了带着雨伞(yǔsǎn 우산)。

9. 我的电脑坏(고장나다)了，在家里发不了电子邮件。

10. 这么多年过去了，他还是爱着她，忘不了她。

11. 这两天一直找不到他，打他的手机也打不通。这是怎么回事？

12. 别急，你进来，有什么事咱们坐下来好好说。

13. 我在 7 楼下面等你,你把车开过来。

14. 你一个人回去,我们放不下心来,让泰雄陪你回去吧。

## 三 用下面的动词和短语做造句练习
다음 동사와 관련구조를 이용하여 문장을 지어보세요.

1.

| 动词<br>동사 | 动词 + 结果补语<br>동사+ 결과보어 | 动词 + 可能补语<br>동사+ 가능보어 |
|---|---|---|
| 看 | 看见 | 看得见 / 看不见 |
| 听 | 听见 | 听得见 / 听不见 |
| 看 | 看懂 | 看得懂 / 看不懂 |
| 听 | 听懂 | 听得懂 / 听不懂 |
| 买 | 买到 | 买得到 / 买不到 |
| 找 | 找到 | 找得到 / 找不到 |
| 写 | 写完 | 写得完 / 写不完 |
| 卖 | 卖完 | 卖得完 / 卖不完 |
| 打 | 打通 | 打得通 / 打不通 |

2.

| 动词<br>동사 | 动词 + 趋向补语<br>동사+ 방향보어 | 动词 + 可能补语<br>동사+ 가능보어 |
|---|---|---|
| 回 | 回来 | 回得来 / 回不来 |
| 进 | 进去 | 进得去 / 进不去 |
| 放 | 放下 | 放得下 / 放不下 |
| 考 | 考上 | 考得上 / 考不上 |
| 开 | 开过去 | 开得过去 / 开不过去 |

## 四 选词填空 알맞는 단어를 골라 빈칸을 채우세요.

1. 得　不

(1) 这本书在美国很畅销,在韩国也买________到。

(2) 五分钟以后就上课了,来________及给他打电话了。
(3) 电影三点半开始,现在才三点一刻,你去洗手间来________及。
(4) 我在房间里找了好几遍,但还是找________到。

2. 得了 不了

(1) 他一米六五,我一米八,他的衣服我穿________。
(2) 那儿离我家很近,走路去也花________半个小时。
(3) 菜不多,你一个人吃________。
(4) 今天下班晚,恐怕八点以前回________家。

3. 就 才

(1) 他昨天很晚________给我发来一条短信。
(2) 我第一次给他打电话________打通了。
(3) 坐地铁很快,半个小时________到了。
(4) 路上堵车,我花了两个小时________到约会的地方。

4. 抱歉 道歉

(1) 非常________,让你久等了。
(2) 我很________,没有买到你想要的礼物。
(3) 是我不对,我向你________。
(4) 这件事是我错了,我在这儿向大家________。

## 五 选词填空 보기에서 골라 빈칸을 채우세요.

| 讨厌 | 怎么回事 | 毛病 | 生气 | 关 | 坐 | 久 | 带 |
|---|---|---|---|---|---|---|---|
| 站 | 急 | 泡菜 | 倒 | 堵车 | 放 | 进 | 电 |

1. 我的手机没________了,接不了他的电话。
2. 你________,脸这么红?是不是喝酒了?
3. 我等了你很________,但还是没等到你,就一个人回去了。
4. 你爱人让我给你________来一件毛衣。
5. 好久没吃________了,真受不了!
6. 附近没有地铁________,你就坐出租车去吧。
7. ________!你怎么能随便看我的日记(rìjì 일기)?

8. A：谁啊？
   B：是我。
   A：张老师啊！请________！
9. 你别________，慢慢儿说。
10. 抱歉，我想不起来你的名字了。这是我的一个________，就是老忘别人的名字。
11. 路上________，恐怕七点以前到不了了。
12. 他家离这儿很远，还要________好几次车。
13. 请把书________在我父亲的桌子上。
14. 是我弟弟不懂事，您别________。
15. ________公共汽车去颐和园得花多长时间？
16. 把电视________上，现在开始写作业吧。

## 六 模仿例句改写句子 보기와 같이 바꾸어 써보세요.

A 例 一碗米饭你吃**得**饱吗？→ 一碗米饭我吃**不**饱。

1. 正在上课，他出得来吗？→
2. 这么高，爷爷爬得上来吗？→
3. 房间很小，这么大的床放得下吗？→
4. 这么远，一个小时你走得回来吗？→

B 例 你把这件事告诉他了吗？→ 你**是不是**把这件事告诉他了？

1. 路上堵车了吗？→
2. 你忘了充电了吧？→
3. 你向他道歉了吗？→
4. 你坐出租车来的吧？→

C 例 请关上手机。→ 请**把**手机关上。

1. 我忘了这件事。→
2. 我带来了韩中词典。→
3. 你说一下条件。→
4. 你能不能改一下你这个坏毛病？→

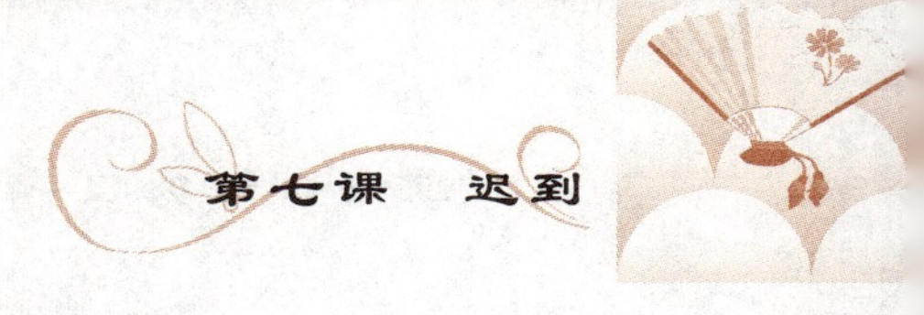



5. 忘了我吧。→

*D* 例　我已经向你道歉了。→ 我**不是**已经向你道歉了**吗**？

1. 你想买这种最新款式的手机吧。→
2. 下车以后应该倒 20 路公共汽车。→
3. 你想给手机充电吧？→
4. 你每天都去运动场跑步吧？→

*E* 例　**先**道歉，**然后**……→ 然后告诉老师你为什么去晚了。

1. 我得先洗澡，然后…… →
2. 我先点了两碗米饭，然后…… →
3. 她先试了一件大号的，然后……→
4. 这件事我先问问爸爸，然后……→

*F* 例　坐 331 路公共汽车 / 倒地铁……
→ **先**坐 331 路公共汽车，**然后**倒地铁。

1. 坐地铁 1 号线 / 到东大门站下车
   →
2. 坐城铁（chéngtiě 전철）到五道口（Wǔdàokǒu 베이징의 지명）/ 换 375 路公共汽车
   →
3. 坐火车去上海（Shànghǎi 도시명）/ 坐飞机去青岛（Qīngdǎo 도시명）
   →
4. 我去中国银行 / 开车陪你去飞机场（fēijīchǎng 공항）
   →

## 七 阅读下面的短文并回答问题
다음 글을 읽고 질문에 답해 보세요.

### 怎么办？

我最近心情很坏。吃不下饭，也睡不着觉，更不想上课和学习。妈妈问我怎么回事，我也不想说，因为我觉得把这件事告诉妈妈，妈妈也帮不了我。网友们，你们说我应该怎么办？我现在上大学二年级，我喜欢上了我们系三年级的一个男生。我把我的心事告诉我同班的一个好朋友智英，没想到她说："我也喜欢上了那个男生。"后来，我发现那个男生对她也很有意思，有事没事经常跟她说话，但是不太理我，我心里很不是滋味。我开始讨厌智英，更讨厌看见他们两个人在一起。

我想向老师请假，一个人去很远的地方旅行…… 我想忘了他，忘了所有不高兴的事。可是，我忘得了吗？

| | | | | | |
|---|---|---|---|---|---|
| 办 | bàn | 하다.다루다 | 着 | zháo | (잠에) 들다 |
| 网友 | wǎngyǒu | 네티즌 | 心事 | xīnshì | 걱정거리 |
| 后来 | hòulái | 나중에 | 发现 | fāxiàn | 발견하다 |
| 所有 | suǒyǒu | 모든 | | | |

1. "我"为什么心情不好？

2. 你觉得"我"应该怎么办？

# 第八课 玩儿游戏上瘾

Wánr yóuxì shàng yǐn

게임 중독

## 生词 Shēngcí 새단어

| | | | |
|---|---|---|---|
| 1. 游戏 | yóuxì | 명 | 게임 |
| 2. 上瘾 | shàng yǐn | | 중독되다 |
| 3. 干 | gàn | 동 | 하다 |
| 4. 写 | xiě | 동 | 쓰다. 적다 |
| 5. 孩子 | háizi | 명 | 애. 아이 |
| 6. 门(儿) | mén(r) | 양 | 갈래. 과목(학문, 기술 따위의 항목을 세는 데 쓰임) |
| 7. 及格 | jí gé | | 합격하다. 성적이 "F" 이상 |
| 8. 比 | bǐ | 개 | ~에 비하여. ~보다(도) |
| 9. 出勤 | chūqín | 동 | 출석하다. 출근하다 |
| 10. 情况 | qíngkuàng | 명 | 상황. 형편 |
| 11. 旷课 | kuàng kè | | 무단결석하다 |
| 12. 信 | xìn | 동 | 믿다 |
| 13. 真的 | zhēnde | | 진짜. 정말로 |
| 14. 求 | qiú | 동 | 간청하다. 부탁하다 |
| 15. 流利 | liúlì | 형 | 유창하다 |

| | | | |
|---|---|---|---|
| 16. 聊天(儿) | liáo tiān(r) | | 잡담하다. 이야기를 나누다 |
| 17. 所以 | suǒyǐ | 접 | 그래서. 그러니까 |
| 18. 口语 | kǒuyǔ | 명 | 회화. 입말. 말하기능력 |
| 19. 听力 | tīnglì | 명 | 듣기능력 |
| 20. 进步 | jìnbù | 명 동 | 진보(하다). |
| 21. 外边(儿) | wàibian(r) | 명 | 밖. 바깥 |
| 22. 附近 | fùjìn | 명 | 근처. 부근 |
| 23. 租 | zū | 동 | 임대하다. 빌다. 세내다 |
| 24. 套 | tào | 양 | 채. 벌. 조. 세트(체계를 이루고 있는 것) |
| 25. 公寓 | gōngyù | 명 | 아파트 |
| 26. 怕 | pà | 동 | ~하지 싫어서 걱정되다. 두려워하다 |
| 27. 贪 | tān | 동 | 탐내다. 욕심을 부리다. ~에 자제할 수 없다 |
| 28. 专门 | zhuānmén | 명 부 | 전문. 전문적으로. 일부러 |
| 29. 监督 | jiāndū | 동 | 감독하다 |
| 30. 哈 | hā | 의 | 하하. 웃는 소리 |
| 31. 像 | xiàng | 동 | ~와 같다. 닮다. 비슷하다 |
| 32. 不如 | bùrú | 동 | ~보다 ~지 못하다 |
| 33. 教 | jiāo | 동 | 가르치다 |
| 34. 东西 | dōngxi | 명 | 것. 물건 |
| 35. 五道口 | Wǔdàokǒu | 고유 | 우따오코우(뻬이징의 지명) |

## Kèwén 본문

A：干什么呢？又在玩儿电脑游戏！
Gàn shénme ne? Yòu zài wánr diànnǎo yóuxì!

B：妈，我刚写完作业，就玩儿一会儿。
Mā, wǒ gāng xiěwán zuòyè, jiù wánr yíhuìr.

A：不行，把电脑关了。你这孩子，玩儿游戏太上瘾了！上个学期你两门儿课不及格，你忘了？
Bù xíng, bǎ diànnǎo guān le. Nǐ zhè háizi, wánr yóuxì tài shàng yǐn le! Shàng ge xuéqī nǐ liǎng ménr kè bù jí gé, nǐ wàng le?

B：妈，这学期我比上学期努力多了，出勤情况特别好，没旷过一次课。不信您问老师！我真的只玩儿一会儿。求求您了，妈。
Mā, zhè xuéqī wǒ bǐ shàng xuéqī nǔlì duō le, chūqín qíngkuàng tèbié hǎo, méi kuàngguo yí cì kè. Bú xìn nín wèn lǎoshī! Wǒ zhēnde zhǐ wánr yíhuìr. Qiúqiu nín le, mā.

2

A：你说 汉语 说 得挺流利的，来北京好 长 时间
Nǐ shuō Hànyǔ shuō de tǐng liúlì de, lái Běijīng hǎo cháng shíjiān
了吧？
le ba?

B：才 两 个月。但 我 经常 跟 中国 朋友 聊天儿，
Cái liǎng ge yuè. Dàn wǒ jīngcháng gēn Zhōngguó péngyou liáo tiānr,
所以口语和听力进步比较快。
suǒyǐ kǒuyǔ hé tīnglì jìnbù bǐjiào kuài.

A：你住 学校里还是住外边儿？
Nǐ zhù xuéxiào li háishi zhù wàibianr?

B：住 外边儿。我 跟我父母 住 在一起。我们 在
Zhù wàibianr. Wǒ gēn wǒ fùmǔ zhù zài yìqǐ. Wǒmen zài
五道口儿附近租了一 套 公寓。
Wǔdàokǒur fùjìn zūle yí tào gōngyù.

A：是不是你父母怕你贪玩儿，专门 来北京 监督你？
Shì bu shì nǐ fùmǔ pà nǐ tān wánr, zhuānmén lái Běijīng jiāndū nǐ?

B：哈哈！你是不是看我不像 个好 学生？

Hāha! Nǐ shì bu shì kàn wǒ bú xiàng ge hǎo xuésheng?

## 注释 Zhùshì 설명

### 1 干什么呢？ 무엇 하고 있니?

句中的"呢"是助词，表示疑问，用于含有"什么、怎么、哪儿、谁"等疑问词的特指问句句尾，而"吗"则主要用于是非问句句尾，应注意二者用法上的差异。如：

여기서 "呢"는 조사이며, 의문을 나타낸다. "呢"는 "什么、怎么、哪儿、谁"등의 의문사를 포함하고 있는 특지의문문의 끝에 붙어서 쓰인다. 반면에 "吗"는 주로 가부의문문의 끝에 붙어서 쓰인다. 양자의 쓰임새에 관련된 이러한 차이에 주의해야 한다. 예:

(1) 你学什么呢？/你在学汉语吗？
(2) 你怎么不去北京留学呢？/你不去北京留学吗？
(3) 你们想去哪儿呢？/你们想去新疆吗？
(4) 你要跟谁一起去呢？/你要跟你女朋友一起去吗？

### 2 这学期我比上学期努力多了

이번 학기는 지난 학기보다 더 열심히 공부했어요.

句中的"比"是介词，用于比较性状和程度，相当于韩语的"~보다(도)"或"~에 비하여"。如：

여기서 "比"는 개사이며, 상태와 정도를 비교하는 데 쓰인다. 한국어의 "~보다(도)" 혹은 "~에 비하여" 에 해당한다. 예:

(1) 姐姐比妹妹漂亮。
(2) 他比我汉语水平高。
(3) 我比弟弟大两岁。
(4) 这件衣服比那件衣服贵一点儿。

韩语的“A는 B만큼 ~하지 않다”一般用“没有”来表达，“A는 B보다 ~하지 못하다”一般用“不如”来表达。如：

한국어의 “A는 B만큼 ~하지 않다”는 보통 “没有”로 표현하고, “A는 B보다 ~하지 못하다”는 주로 “不如”로 표현한다. 예:

(1) 妹妹没有姐姐漂亮。/妹妹不如姐姐漂亮。
(2) 我没有他汉语水平高。/我不如他汉语水平高。
(3) 今天没有昨天热。
(4) 我不如他汉语说得流利。

注意：比较句中的形容词前面不能加程度副词或否定副词。如:
주의: 비교문에 있는 형용사 앞에 정도부사나 부정부사를 붙이면 안 된다. 예:

(1) 我比她很漂亮。(×)
(2) 弟弟比我学习不努力。(×)

韩语的“A는 B보다 많이 ~하다”用汉语来表达就是在比较句的形容词后面加“多了”或“得多”。如：

한국어의 “A는 B보다 많이 ~하다”는 중국어로 표현하려면 비교문에 있는 형용사뒤에 “多了”나 “得多”를 붙인다. 예:

(1) 她比你努力多了。(她比你努力得多。)
(2) 运动鞋比皮鞋便宜多了。(运动鞋比皮鞋便宜得多。)

### 3 你说汉语说得挺流利的 너는 중국말을 아주 유창하게 하는구나.

句中的“挺流利”是程度补语。程度补语前面的动词如带宾语，要重复动词。如：

여기서 “挺流利”는 정도보어이다. 정도보어 앞에 있는 동사가 목적어를 갖는 경우 동사를 중복하여 쓰게 된다. 예:

(1) 他说英语说得非常流利。 (○)
　　他说英语得非常流利。 (×)
(2) 他干这件事干得漂亮极了！ (○)
　　他干这件事得漂亮极了！ (×)

(3) 你睡觉睡得很晚吗?

**4 来北京好长时间了吧? 베이징에 온지 꽤 오래되었겠어요?**

句中的"好"是副词,用于形容词之前表示程度深,常带有感叹的语气,类似于韩语的"참"或"정말"。如:

여기서 "好"는 부사로서 형용사 앞에 붙어 정도가 심함을 나타낸다. "好"는 감탄하는 어감을 띠는 경우가 많고, 한국어의 "참" 혹은 "정말"과 비슷하다. 예:

(1) 好久不见!
(2) 你踢足球踢得好棒啊!
(3) 好热的天气!

**5 才两个月。 겨우 두 달 되었어요.**

句中的"才"跟"只"是同义词,表示数量少或程度低。如:

여기서 "才"는 "只"와 같은 뜻의 말이며, 수량이 적거나 정도가 심하지 않음을 나타낸다. 예:

(1) 班上才来了两个人。
(2) 我才看了一遍,还要再看一遍。
(3) 这条牛仔裤才四十块钱。

**6 我经常跟中国朋友聊天儿,所以口语和听力进步比较快。**
**중국 친구랑 자주 이야기를 나누니까 말하기와 듣기 능력이 비교적 빨리 늘었어요.**

"所以"是连词,在因果关系的语句中表示结果或结论,前一小句常用"因为"呼应。"所以"和韩语的"그래서"或"그러니까"类似。如:

"所以"는 접속사로서 인과관계를 나타내는 문장에서 결과나 결론을 이끈다. 앞 절에는 "因为" 가 와서 호응하는 경우가 많다. "所以" 는 한국어의 "그래서" 혹은 "그러니까"와 비슷하다. 예:

(1) 他起床起晚了,所以上课迟到了。
　　因为他起床起晚了,所以上课迟到了。
(2) 我听不懂,所以想请你说得慢一点儿。
(3) 因为他英语、汉语都说得很流利,所以很快就找到了工作。

### 7 你住学校里还是住外边儿?
### 학교 안에 살아요, 아니면 밖에서 살아요?

"里"是方位词,常用于名词之后表示处所,类似于韩语的"~에서"或"안""속"。如:

"里"는 방위사로서 명사 뒤에 붙어 처소를 나타낸다. 한국어의 "~에서", "안" 혹은 "속"과 비슷하다. 예:

(1) 家里没人。
(2) 教室里有多少个学生?
(3) 我哥哥在大学里工作。

**注意:** 韩语说"뻬이징에서""중국에서",但汉语的"里"就不能用于地名和国家名称之后。不能说"北京里""中国里",而应该说"在北京""在中国"。

**주의:** 비록 한국어에서 "베이징에서"나 "중국에서"와 같은 식으로 말하긴 하지만, 중국어의 경우에 "里"는 지명이나 국가명 뒤에 붙어서 쓰이는 법이 없기 때문에 "北京里"나 "中国里"와 같은 표현은 틀린 것이 된다. 알맞은 표현은 "在北京"나 "在中国"이다.

### 8 是不是你父母怕你贪玩儿?
### 혹시 네가 노는 데에만 열중할까 싶어 너의 부모님이 걱정하시는 모양이지?

含"是不是"的疑问句是一种口语中常用的正反疑问句,"是不是"表示推测和探询,类似于韩语的"혹시 ~아니냐?"。句尾不能加语气助词"吗"或"吧"。如:

"是不是"를 포함하는 의문문도 일종의 정반의문문이며, 입말에서 자주 듣게된다. "是不是"는 추측하여 넌지시 떠보는 말씨이며, 한국어의 "혹시 ~아니냐?"와 비슷하다. "是不是"식의 의문문 끝에 어기조사 "吗"나 혹은 "吧"를 붙일수 없다. 예:

(1) 你平时是不是很贪睡? (○)
你平时是不是很贪睡吗? (×)
你平时是不是很贪睡吧? (×)
(2) 这孩子是不是经常旷课?

(3) 是不是妈妈在旁边监督，你才做作业？

## 练习 Liànxí 연습

### 一 回答问题 다음 물음에 답해 보세요.

1. 你这学期有几门课？
2. 你每星期有多少节课？一节课一般多长时间？
3. 韩国的大学一般九点上第一节课，中国的大学也是这样吗？
4. 谈谈你各门课的出勤情况。
5. 你会几门外语？
6. 你的汉语口语水平怎么样？进步快不快？为什么？
7. 最近几个月，你的听力有没有进步？为什么？
8. 你玩儿电脑游戏上瘾吗？
9. 你说汉语比说英语说得更流利吗？
10. 你考过不及格吗？
11. 你喜欢住在家里还是喜欢住学校的宿舍？为什么？
12. 你觉得在北京（上海，青岛，大连……）租一套公寓贵不贵？

### 二 替换练习 바꾸어서 말하세요.

1.

| | | |
|---|---|---|
| 他不<br>这孩子最<br>我不<br>你说的我都 | 信 | 我的话怎么办？<br>王老师的话。<br>别人做得了的事我做不了！<br>，但是恐怕我帮不了你。 |

2.

| | | |
|---|---|---|
| 你<br>这种事我真的<br>我问你，你想<br>听说他在北京<br>一天要 | 干 | 的好事！<br>不了。<br>什么工作呢？<br>得挺好的，挣了不少钱。<br>十个小时，非常累。 |

3.
| | | |
|---|---|---|
| 我最<br>你不<br>老师<br>她 | 怕 | 吃辣的。<br>你父母担心吗？<br>我听不懂，所以说得很慢。<br>我穿不了中号的，就给我买了一件大号的。 |

4.
| | | |
|---|---|---|
| 像这种<br>这学期你的出勤<br>请你谈谈你们公司的<br>听说考试 | 情况 | 应该怎么办？<br>不太好，怎么回事？<br>好吗？<br>不好，很多学生不及格。 |

5.
| | | |
|---|---|---|
| 刚才我<br>这件事求<br>求别人不如 | 求 | 了他很长时间，他还是不想帮我。<br>你，帮我一下，你不帮我谁帮我？<br>自己，自己能做的事就自己做。 |

6.
| | | |
|---|---|---|
| 我来你家就是<br>妈妈<br>我要<br>这件礼物我是 | 专门 | 告诉你这件事。<br>给我请了一位辅导老师教我汉语。<br>写一本书，介绍中国的情况。<br>给你买的，去了好多家商店才买到。 |

7.
| | | |
|---|---|---|
| 这孩子真<br>我的眼睛<br>他就<br>九月不 | 像 | 你，话多。<br>妈妈，鼻子像爸爸。<br>孩子一样，我经常得照顾他。<br>八月那么热，咱们去北京旅游怎么样？ |

## 三 修改病句 다음 문장의 틀린 부분을 고쳐보세요.

1. 他唱歌得很好。→
2. 这孩子玩游戏得很上瘾。→
3. 很道歉，我忘带你的书了。→
4. 你这样的好学生怎么也旷课吗？→
5. 你为什么这么怕谈这件事吗？→
6. 我看，你比她非常聪明。→
7. 刚他去超市买东西去了。→

8. 明年我想去美国还是中国留学。→
9. 在这儿租公寓比在学校附近租公寓很便宜。→
10. 宿舍离食堂挺近的，走两分钟才到了。→
11. 听说韩国里大学男生都得服兵役。→
12. 中国里有很多好玩的地方。→

## 四 选词填空　보기에서 골라 빈칸을 채우세요.

| 上瘾 | 口语 | 听力 | 贪 | 套 | 聊天 | 旷课 | 不如 |
|---|---|---|---|---|---|---|---|
| 监督 | 不行 | 游戏 | 外边 | 租 | 公寓 | 进步 | 流利 |

1. 他说汉语说得跟中国人一样＿＿＿＿＿。
2. 这＿＿＿＿＿书一共八本，我都给你带来了。
3. 别老＿＿＿＿＿便宜，便宜的东西可能质量(zhìliàng 품질)不好。
4. 不行！不能再给了。他太＿＿＿＿＿了，我给了他那么多东西他还想要！
5. A：我的听力很有进步，但＿＿＿＿＿还不行。
   B：你应该多交中国朋友，多跟他们＿＿＿＿＿。
6. 喝咖啡也会＿＿＿＿＿吗？
7. 我在五道口那边＿＿＿＿＿了一套公寓，租金是一个月两千五。
8. 这孩子真累人，他做作业的时候我还得在旁边＿＿＿＿＿。
9. A: 我有点不舒服，不想去考试了。
   B: ＿＿＿＿＿！你一定得去考，这次考试很重要。
10. 老师，请您慢点儿说，我＿＿＿＿＿不好，听不懂您说的话。
11. 我＿＿＿＿＿他认识的汉字多。
12. 玩电脑＿＿＿＿＿玩了很长时间，所以眼睛有点累。
13. 这个学期王欢的学习有很大的＿＿＿＿＿，老师们都很高兴。
14. 你一般在学校食堂吃饭还是去＿＿＿＿＿吃？
15. 他一个人住一套＿＿＿＿＿，过得很舒服。
16. 最近他学习不努力，经常＿＿＿＿＿。

## 五 模仿例句改写句子 보기와 같이 바꾸어 써보세요.

A 例 牛肉比猪肉贵。→ 猪肉**没有**牛肉贵。

1. 这个教室比那个教室大。→
2. 小安比小白学习努力。→
3. 妈妈比姐姐做的菜好吃。→
4. 我觉得这儿比那儿好玩儿。→

B 例 这种苹果比那种苹果味道好。
→ 那种苹果**不如**这种苹果味道好。

1. 妹妹比我学习好。→
2. 这个款式比那个款式更畅销。→
3. 她比我汉字写得漂亮。→
4. 哥哥比弟弟游泳游得快。→

C 例 他一米八五,他爱人一米五五。(高)
→ 他**比**他爱人高**多了**。

1. 这家商店正在打折,那家商店不打折。(便宜)
   →
2. 他吃了三碗米饭,我只吃了一碗米饭。(吃得多)
   →
3. 我每个月挣四千,他每个月挣九千。(挣得少)
   →
4. 我两点就来了,他三点半才来。(来得早)
   →

D 例 因为常去海边游泳,…… → **所以**他晒得很黑。

1. 我忘了给他打电话,…… →
2. 因为家里有事,……→
3. 他迟到了一个小时,…… →
4. 因为他会英语、汉语和日语三门外语,…… →

*E* 例 你觉得我不像个好学生吗？
→ 你**是不是**觉得我不像个好学生？

1. 你想来监督我吗？→
2. 你比他大好几岁吧？→
3. 你说英语说得很流利吗？→
4. 你们想租一套大一点儿的公寓吗？→

## 六 阅读下面的短文并做口语练习
다음 글을 읽고 말하기 연습을 하세요.

很多东西都能上瘾。喝咖啡能上瘾，喝茶也能上瘾。有人看电视上瘾，也有人玩电脑游戏上瘾。喝酒当然也能上瘾。我的同屋就很爱喝酒，他晚上常常喝酒，喝醉了以后就唱歌，吵得我睡不着觉。第二天他又很后悔，说："哎呀，真抱歉，以后我不能再喝酒了。"可是，他改不了这个毛病，过了几天又开始喝酒。他喝醉以后第二天早上一般起不来，所以经常旷课。有一次，老师生气地问他："你来中国是来学习的还是来喝酒的？你这种情况你父母知道吗？"我同屋听了老师的话，脸红了。他说："对不起，老师，我错了。我一定改我这个毛病。求求您，别告诉我父母。请给我一点儿时间。不过，就怕我喝酒已经上瘾了，想改也难……"老师说："我不信你改不了。你真的想改，就一定能做到。"

| | | | | | | | | |
|---|---|---|---|---|---|---|---|---|
| 醉 | zuì | 취하다 | 吵 | chǎo | 시끄럽다 | 第二天 | dì èr tiān | 그 다음 날 |
| 后悔 | hòuhuǐ | 후회하다 | 可是 | kěshì | 그러나 | | | |

### 会话练习 회화 연습:

**场景**(상황):同屋晚上喝醉酒回宿舍以后……

### 回答问题 다음 물음에 답하세요:

1. 你什么情况下想喝酒？你喝醉过吗？

2. 你爱喝什么酒？ 你觉得爱喝酒是不是一种好习惯？

# 第九课 减肥

Jiǎn féi

다이어트

## 生词 Shēngcí 새단어

| | | | |
|---|---|---|---|
| 1. 减肥 | jiǎn féi | | 다이어트하다. 살을 빼다 |
| 2. 好像 | hǎoxiàng | 동 | 마치 ~와 같다 |
| 3. 以前 | yǐqián | 명 | 이전 |
| 4. 胖 | pàng | 형 | 뚱뚱하다. 살이 찌다 |
| 5. 整整 | zhěngzhěng | 부 | 옹근. 온전한. 꼬박 |
| 6. 长 | zhǎng | 동 | 자라다. 생기다 |
| 7. 油水 | yóushui | 명 | 기름기 |
| 8. 容易 | róngyì | 형 | 쉽다. (할 가능성이 많다는 뜻에서) ~하기 일쑤다 |
| 9. 马上 | mǎshàng | 부 | 곧. 즉시 |
| 10. 春天 | chūntiān | 명 | 봄 |
| 11. 下定决心 | xiàdìng juéxīn | | 작정하다 |
| 12. 决心 | juéxīn | 명 동 | 결심(하다). 결의(하다) |
| 13. 从 | cóng | 개 | ~부터 |
| 14. 水果 | shuǐguǒ | 명 | 과일 |
| 15. 蔬菜 | shūcài | 명 | 채소 |

| | | | |
|---|---|---|---|
| 16. 受得了 | shòudeliǎo | | 참을 수 있다. 견딜 수 있다 |
| 17. 减 | jiǎn | 동 | 빼다. 줄이다 |
| 18. 猛 | měng | 형 | 맹렬하다. 급하다. 갑자기 |
| 19. 手艺 | shǒuyì | 명 | 솜씨 |
| 20. 合 | hé | 동 | ~에 맞다. 부합되다 |
| 21. 口味 | kǒuwèi | 명 | 입맛. 구미. 기호 |
| 22. 阿姨 | āyí | 명 | 아주머니 |
| 23. 辣子鸡丁(儿) | làzi jīdīng(r) | | 매운 닭고기 볶음 (중국요리) |
| 24. 苗条 | miáotiao | 형 | 날씬하다 |
| 25. 瘦 | shòu | 형 | 마르다. 여위다 |
| 26. 儿子 | érzi | 명 | 아들 |
| 27. 女儿 | nǚ'ér | 명 | 딸 |
| 28. 聪明 | cōngming | 형 | 총명하다. 똑똑하다 |
| 29. 健康 | jiànkāng | 형 | 건강하다 |
| 30. 傻 | shǎ | 형 | 어리석다. 멍청하다 |
| 31. 短 | duǎn | 형 | 짧다 |
| 32. 回国 | huí guó | | 귀국하다 |
| 33. 张欢英 | Zhāng Huānyīng | 고유 | 장후안잉 (중국사람 이름) |

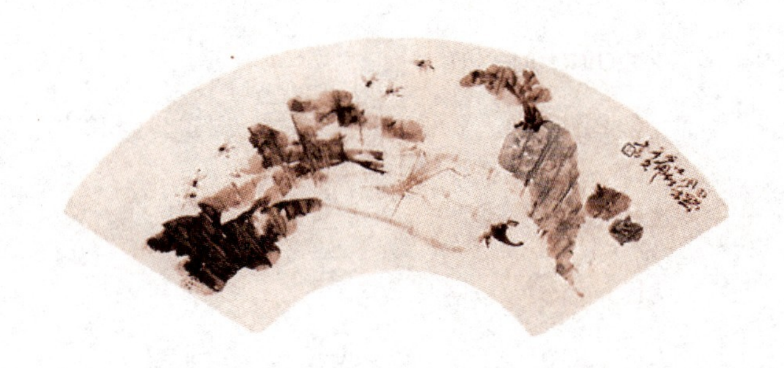

## 课文 Kèwén 본문

**1**

A：智贤，你来北京多长时间了？
Zhìxián, nǐ lái Běijīng duō cháng shíjiān le?

B：我来北京半年多了。
Wǒ lái Běijīng bàn nián duō le.

A：你好像比以前胖了。
Nǐ hǎoxiàng bǐ yǐqián pàng le.

B：留学这半年，天天吃中国菜，整整长了十斤。
Liú xué zhè bàn nián, tiāntiān chī Zhōngguócài, zhěngzhěng zhǎngle shí jīn.

A：是啊，中国菜油水大，吃了容易长胖。
Shì a, Zhōngguócài yóushui dà, chīle róngyì zhǎngpàng.

B：马上就到春天了，我已经下定决心减肥。从下星期开始，我不吃饭，只吃水果和蔬菜。
Mǎshàng jiù dào chūntiān le, wǒ yǐjing xiàdìng juéxīn jiǎn féi. Cóng xià xīngqī kāishǐ, wǒ bù chī fàn, zhǐ chī shuǐguǒ hé shūcài.

A：你 受得了 吗？别 减 得 太 猛，对 身体 不 好。
Nǐ shòudeliǎo ma? Bié jiǎn de tài měng, duì shēntǐ bù hǎo.

2

A：智贤，你 别 客气，多 吃，随便 吃。
Zhìxián, nǐ bié kèqi, duō chī, suíbiàn chī.

B：行，我 吃 得 不 少 了，已经 吃饱 了。
Xíng, wǒ chī de bù shǎo le, yǐjing chībǎo le.

A：我 妈 做 菜 的 手艺 怎么样？合 不 合 你 的 口味？
Wǒ mā zuò cài de shǒuyì zěnmeyàng? Hé bu hé nǐ de kǒuwèi?

B：阿姨 的 手艺 真 不错，很 合 我 的 口味。这 个 辣子 鸡丁儿 味道 特别 好。
Āyí de shǒuyì zhēn búcuò, hěn hé wǒ de kǒuwèi. Zhè ge làzi jīdīngr wèidào tèbié hǎo.

A：这 是 我 妈 专门 给 你 做 的，她 知道 你 爱 吃 辣 的。
Zhè shì wǒ mā zhuānmén gěi nǐ zuò de, tā zhīdao nǐ ài chī là de.

B：谢谢 阿姨。欢英，阿姨 做 菜 手艺 这么 好，你 的
Xièxie āyí. Huānyīng, āyí zuò cài shǒuyì zhème hǎo, nǐ de

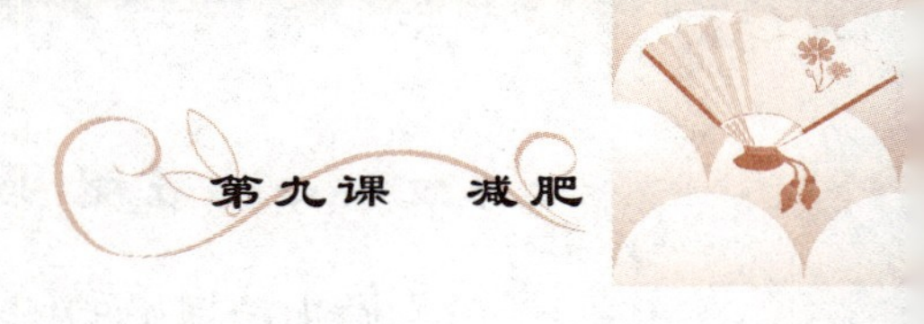


身材 怎么 还 这么 苗条?
shéncái zěnme hái zhème miáotiao?

## 注释 Zhùshì 설명

**1 我来北京半年多了。** 나는 베이징에 온지 반년 넘었다.

句中的"多"是数词,用于数量词后,表示不确定的零数,相当于韩语的"~넘다"。如:

여기서 "多"는 수사이며, 수량사 뒤에 쓰여 불확정의 수를 나타낸다. 한국어의 "~넘다"에 해당한다. 예:

一个多小时　三天多的时间　两个多星期　五年多

**2 你好像比以前胖了。** 너는 전에보다 살이 찐 것 같아.

"好像"是副词,用于谓语前或主语前,相当于韩语的"~한 것 같다"。如:

"好像"은 부사로서 술어나 주어 앞에서 쓰인다. 한국어의 "~한 것 같다"에 해당한다. 예:

(1) 他好像是法国人。
(2) 好像很多人都不知道这件事。
(3) 师兄,你好像瘦了,服兵役是不是很辛苦?
(4) 他好像正在写作业。

注意:"像"跟"好像"意思相近,但用法有所不同。"好像"只用作副词,不能被别的副词修饰;而"像"既可用作副词,也可以用作动词,并可受其他副词的修饰。如:

주의:"像"은 "好像"과 뜻이 비슷하지만 쓰임새가 조금 다르다. "好像"은 부사로서만 사용되기 때문에 다른 부사의 수식을 받을 수 없다. 그러나 "像"은 부사로도 쓰일 수 있고 동사로도 쓰일 수 있기 때문에 다른 부사의 수식을 받을 수 있다. 예:

(1) 你儿子跟你说话的声音很像。(○)
    你儿子跟你说话的声音很好像。(×)
(2) 女儿长得不太像妈妈。(○)
    女儿长得不太好像妈妈。(×)
(3) 这次她没像上次那样买那么多东西。(○)
    这次她没好像上次那样买那么多东西。(×)

### 3 天天吃中国菜　날마다 중국 음식을 먹어.

"天天"相当于韩语的"날마다"。汉语中许多单音节量词都可以重叠,这种重叠表示由个体组成的全体,有"毫无例外"的意思。如:

"天天"은 한국어의 "날마다"에 해당한다. 중국어 중에는 중첩하여 쓰일 수 있는 단음절 양사가 아주 않다. 그런 중첩은 개체 하나하나로 구성된 전체를 가르키며 "예외없이"의 뜻을 나타낸다. 예:

(1) 你应该天天运动,才能减肥。
(2) 他学习很棒,年年得奖学金。
(3) 他次次都来,看来很有兴趣。
(4) 这个班的孩子个个都很聪明。

**注意:** 双音节量词不能重叠,如不能说"星期星期"。另外,由于韩语可以说"매일매일","每天每天"就成了一些韩国学生常犯的语病,应注意"天天"是正确的说法。

**주의:** 쌍음절 양사는 중첩하여 쓸 수 없다. 예를 들면 "星期星期"라는 중첩 형태는 틀린 말이 된다. 그리고 한국어의 경우에서 "매일매일"이라고 말할 수 있다고 해서, 한국 학생들이 중국어로 말하는 경우에도 "每天每天"이라는 틀린 말을 자주 사용하는 경우를 보게 된다. 이러한 경우에는 "天天"이라는 바른 말을 사용하도록 주의해야 한다.

### 4 整整长了十斤　자그마치 5킬로 불었어.

"整整"用来强调某个数量,后面一般都跟有数量词。"整整"相当于韩语的"옹근"或"꼬박"。如:

"整整"은 어떤 수량을 강조하며, 뒤에 보통 어떤 수량사가 따른다. 한국어의 "옹근" 혹은 "꼬박"에 해당한다. 예:

(1) 他整整花了三个小时才做完作业。
(2) 他们一家人在北京住了整整三年。
(3) 这次看病,王阿姨整整花了五万块钱。
(4) 他在床上躺着想这件事,整整抽了两包烟。

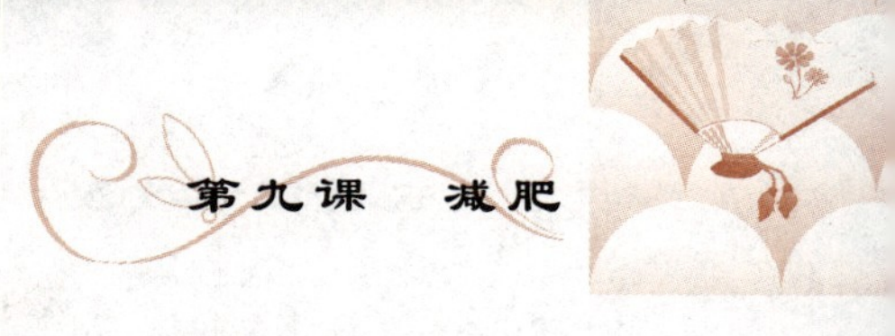



### 5 马上就到春天了 곧 봄이 올거야.

句中的"到"是动词,主要有以下两个用法:

여기서 "到"는 동사이며, 주로 다음과 같은 두 가지의 쓰임새가 있다:

1. 到达;达到。相当于韩语的"다 오다 ""도착하다"或"~이(가) 되다"。如:

도착하다. 도달하다. 다 오다. ~이(가) 되다. 예:

(1) 你现在到家了吗?——还没到呢。
(2) 下车吧,你们学校到了。
(3) 我到过北京,北京给我的印象很好。
(4) 他今年还不到二十岁。
(5) 已经到八点了,他怎么还不来?

2. 往。后面要带表示处所的宾语。相当于韩语的"~에로"。如:

~에로. 뒤에 장소 목적어를 붙인다. 예:

(1) 你到哪儿去?——我到图书馆去。
(2) 有时间到我家来玩儿。
(3) 我得陪奶奶到医院去看病。

### 6 从下星期开始 다음 주부터 시작이야

句中的"从"是介词,表示起点,相当于韩语的"~에서"或"~부터"。"从"常跟"到、往"等配合使用。如:

여시서 "从"은 개사로서 시작점을 나타낸다. 한국어의 "~에서"나 "~부터"에 해당한다. "从"은 "到"、"往"등과 짝을 지어 사용되는 경우가 많다. 예:

(1) 你是从什么时候开始学汉语的?
　　—— 我是从去年开始学汉语的。
(2) 爸爸刚从中国回来,他从北京买回来很多汉语书。
(3) 从你家到地铁站得走多长时间?
(4) 从两点到五点我一直在网球场打网球呢。
(5) 从这儿一直往东走就是颐和园。

### 7 你受得了吗? 견딜 수 있겠어?

"受得了"的"受"后面是可能补语,"受得了"相当于韩语的"참을 수 있다"或"견딜 수 있다",多用于疑问句。如:

"受得了"의 "受" 뒤에 있는 부분은 가능보어이며, "受得了"는 한국어의 "참을 수 있다" 혹은 "견딜 수 있다"에 해당한다. 보통 의문문에 많이 쓰인다. 예:

(1) 两个月吃不到泡菜你受得了吗?
(2) 这种条件谁受得了啊?
(3) 他还是个孩子,怎么受得了这种累呢?

"受得了"的否定形式是"受不了",在口语中"受不了"比"受得了"使用频率更高,它相当于韩语的"견디지 못하다"或"참을 수 없다""짜증나다"。如:

"受得了"의 부정형태는 "受不了"이다. 입말에서 보면 "受不了"는 "受得了"보다 훨씬 더 자주 쓰이고 있다. 한국어의 "견디지 못하다" 혹은 "참을 수 없 다", "짜증나다"에 해당한다. 예:

(1) 每天只能吃面包,吃不到米饭,真受不了!
(2) 真受不了!你怎么老在我睡觉的时候看电视?
(3) 不喝茶我受得了,但不喝咖啡我可受不了!

### 8 阿姨的手艺真不错 아주머니 솜씨가 보통이 아니셔.

句中的"阿姨"是智贤对她朋友欢英的母亲的称呼。汉语的"阿姨"是相当温情而又有礼貌的称呼,且含有辈分意识,小辈用来称呼年长一辈的女性,不管对方已婚还是未婚。"阿姨"还带有比较强的私交情感,如对朋友的母亲,对父母的女性熟人(且此女性熟人跟父母同辈)称呼"阿姨",又如小孩对自己的保姆和非亲属关系的成年女性称呼"阿姨"等。"阿姨"前面可以加上对方的姓,如"王阿姨""李阿姨"等。

여기서 "阿姨"는 지현의 친구인 후안잉의 모친에 대한 호칭이다. 중국어의 "阿姨"는 상당히 친근하면서도 예의를 차린 호칭일 뿐만 아니라 나이 항렬에 대한 의식도 담고 있다. 즉 아래 항렬에 속한 사람이 윗 항렬에 속한 여성을 부르는 호칭이지만, 그 여성의 결혼 여부를 따지지 않는다.

그리고 "阿姨"라는 호칭은 비교적 강한 사적인 관계를 띠고 있기 때문에 친구의 어머니나 자신의 부모들이 잘 알고 지내는 여성(그리고 이 여성은 자신의 부모와 똑같은 나이 항렬에 속한다)에게도 쓰인다. 또한 어린 아이들이 자신을 돌봐주는 보모나 혈연관계가 없는 성인 여성을 부를 때에도 "阿姨"라고 부르는 풍경을 볼 수 있다. "阿姨" 앞에 상대방의 성씨를 붙여서 부르기도 한다. 예를 들어 "王阿姨", "李阿姨" 등이 그러하다.

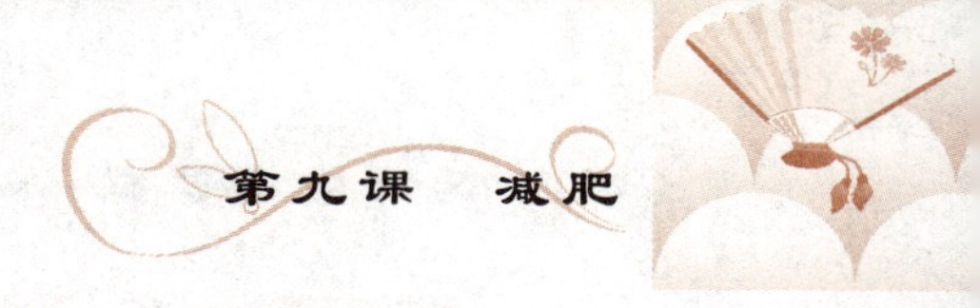

## 练习 Liànxí 연습

### 一 回答问题 다음 물음에 답해 보세요.

1. 吃什么东西容易长胖？
2. 怎样吃才能减肥？谈谈你的减肥经验。
3. 你们家谁做菜的手艺最好？
4. 你会做什么菜？你做的菜味道怎么样？
5. 你爱吃甜食吗？夏天的时候常吃冰淇淋吗？
6. 你爱吃酸的吗？
7. 你觉得最好吃的中国菜是什么？给你印象最深的中国辣菜是什么？
8. 你最爱吃什么水果？
9. 你平时吃蔬菜吃得多还是吃肉吃得多？你爱吃什么肉？
10. 从小到大你一直身体很健康吗？

### 二 替换练习 바꾸어서 말하세요.

1.
| | | |
|---|---|---|
| 你放心，我<br>吃完饭以后<br>有事就<br>听了我的话，他们 | **马上** | 就给她发电子邮件。<br>睡觉对身体不好。<br>跟我联系，我一定帮你。<br>鼓掌，表示欢迎和同意。 |

2.
| | | |
|---|---|---|
| 我比你<br>我比去年<br>这次旅行<br>我太傻了，等了你 | **整整** | 大十岁。<br>重了十斤。<br>花了五千块钱。<br>两个小时。 |

3.
| | | |
|---|---|---|
| 他喜欢旅行，<br>请<br>你不<br>一直 | **到** | 过很多国家。<br>我们公司来谈这件事。<br>十八岁就不能卖给你烟和酒。<br>现在我也忘不了他说的这句话。 |

4.
| | | |
|---|---|---|
| 你减肥减得太<br>你开车开得太<br>昨天你跑步跑得太 | 猛， | 恐怕对身体不好。<br>我不想坐你的车。<br>所以今天腿疼。 |

5.
| | | |
|---|---|---|
| 那个女孩儿<br>他<br>你姐<br>我的眼睛<br>弟弟的个子已经 | 长 | 得真漂亮！<br>得胖，怕热。<br>得这么瘦，还要减肥啊？<br>得像我妈，鼻子和嘴长得像我爸。<br>得很高了，这条裤子太短。 |

6.
| | | |
|---|---|---|
| 对我来说，汉语比英语<br>这不是一件<br>喝咖啡比喝茶更<br>他从那么远的地方来到北京挺不 | 容易 | 学。<br>的事。<br>上瘾吗？<br>的，我们应该帮帮他。 |

## 三 填写反义词 보기에서 골라 빈칸을 채우세요.

**例** 甜 → 苦

胖 →　　　大 →　　　长 →　　　饿 →

来 →　　　好 →　　　儿子 →　　　自己 →

起床 →　　　聪明 →　　　难 →

## 四 选词填空 보기에서 골라 빈칸을 채우세요.

| | | | | | | | |
|---|---|---|---|---|---|---|---|
| 油水 | 健康 | 蔬菜 | 水果 | 春天 | 决心 | 苗条 | 受不了 |
| 聪明 | 减 | 短 | 以前 | 合 | 手艺 | 胖 | 傻 |

1. 他很__________，学这门手艺学得很快。
2. 回国__________他给家里人和朋友买了不少礼物。
3. 这件衣服太大，你穿着不__________身，我给你换一件小一点儿的。
4. 我姐皮肤好，是因为她爱吃__________和__________。
5. 我最__________这儿的夏天，天气太热了。

6. 这么__________的时间我做不完这么多作业。
7. 身体__________就容易累,我看你真应该减肥了。
8. A：听说你正在减肥,这两个月你________了几斤?
 B：我整整__________了八斤,人也比以前健康了。
9. 她身材__________,穿什么都漂亮,我挺羡慕她的。
10. 韩国菜没__________,这半年我都吃瘦了。
11. 你不如你妈妈做菜做得好吃。你应该向你妈妈学学做菜的________。
12. 这孩子从小身体就不太__________,老爱感冒。
13. 你怎么这么__________?这种话你能信吗?
14. 我下定__________每天早晨起床后学一个小时的汉语。
15. 我最喜欢的季节是__________,你呢?

## 五 模仿例句改写句子　보기와 같이 바꾸어 써보세요.

*A* 例　你家离地铁站远不远?→ **从**你家**到**地铁站远不远?

1. 你打工的地方离学校有多远?→
2. 食堂离网吧比较远。→
3. 图书馆离我们的教学楼只有两百米左右。→
4. 那家餐厅离银行非常近。→

*B* 例　你的身材很苗条。→ 你的身材**怎么这么**苗条啊!

1. 你学习真努力啊!→
2. 这个菜太辣了!→
3. 这双皮鞋非常贵。→
4. 这个暑假很短。→

*C* 例　我比以前胖多了,……→ 我已经**下定决心**减肥。

1. 这几个星期我起床起得太晚了,……→
2. 上学期我的成绩不太好,……→
3. 上个月我花钱花得太多了,……→
4. 是我错了,我对不起他,……→

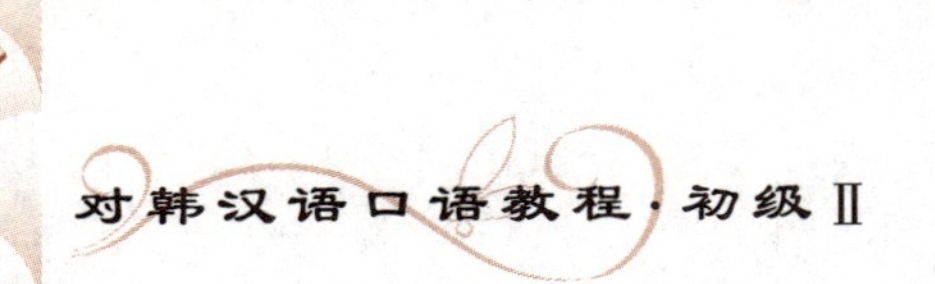

## 六 读下面的短文，然后模仿短文的形式介绍你认识的一位阿姨

다음 글을 읽고, 그 형식을 빌어 자신이 아는 어떤 아주머니에 대하여 이야기해 보세요.

### 黄阿姨

黄阿姨跟我妈是高中同学，也是我妈最好的朋友。从小我妈就常带我去黄阿姨家玩儿，所以我跟黄阿姨很亲，跟她的两个儿子也很熟。黄阿姨个子不高，长相也很普通，但她对人特别和气，跟我妈很合得来。

黄阿姨是南方人，她不太讲究穿，但很讲究吃。黄阿姨每天都去市场买来新鲜的肉和菜，然后自己做。黄阿姨是南方人的口味，做菜的时候不爱放酱油，但喜欢放一点儿糖。黄阿姨比我妈会做的菜多，也比我妈做的菜味道好。她常让我妈和我到她家一起吃饭，对我来说这可是个大吃大喝的好机会，我常常忘了自己是个女孩儿，跟黄阿姨的儿子吃得一样多，一样快。妈妈常说："这孩子，不懂礼貌，在别人家吃饭怎么能这么不客气呢？"黄阿姨说："什么别人家，孩子在我这儿就跟在自己家一样！是不是，小英？""就是。我妈做菜做得不好吃，我最爱吃黄阿姨做的菜！"黄阿姨特别爱听我这句话。她爱听别人夸她做菜的手艺。

| | | | | | |
|---|---|---|---|---|---|
| 亲 | qīn | 친하다 | 熟 | shú | 잘 알다 |
| 长相 | zhǎngxiàng | 생김새 | 普通 | pǔtōng | 일반적이다 |
| 和气 | héqi | 친절하다 | 合得来 | hé de lái | 잘 어울리다 |
| 讲究 | jiǎngjiu | 신경을 쓰다 | 酱油 | jiàngyóu | 간장 |
| 夸 | kuā | 칭찬하다 | | | |

# 第十课　韩国队，加油！

## Hánguóduì, jiā yóu!

## 한국팀, 파이팅!

### 生词 Shēngcí 새단어

| | | | |
|---|---|---|---|
| 1. 队 | duì | 명 | 팀 |
| 2. 加 | jiā | 동 | 보태다. 늘리다. 넣다 |
| 3. 油 | yóu | 명 | 기름 |
| 4. 加油 | jiā yóu | | 파이팅. 응원하다. 주유하다 |
| 5. 比赛 | bǐsài | 명 동 | 시합(하다) |
| 6. 那还用说 | nà hái yòng shuō | | 두말할 나위가 없다. 물론이지요 |
| 7. 超级 | chāojí | 형 | 초(超). 수퍼. (보통 등급보다) 뛰어난 |
| 8. 球迷 | qiúmí | 명 | (축구, 야구, 농구 등의) 팬 |
| 9. 票 | piào | 명 | 표. 입장권 |
| 10. 本来 | běnlái | 형 부 | 원래(의) |
| 11. 受……影响 | shòu……yǐngxiǎng | | ~의 영향을 받다 |
| 12. 球赛 | qiúsài | 명 | (축구, 농구 등의) 경기. 구기(球技)시합 |
| 13. 昨晚 | zuówǎn | 명 | 어제 저녁 |
| 14. 精彩 | jīngcǎi | 형 | 훌륭하다. 멋이 있다 |

| | | | |
|---|---|---|---|
| 15. 赢 | yíng | 동 | 이기다 |
| 16. 输 | shū | 동 | 지다. |
| 17. 比分 | bǐfēn | 명 | (경기의) 득점. 스코어 |
| 18. 参加 | cānjiā | 동 | 참가하다. 참여하다 |
| 19. 拉拉队 | lālāduì | 명 | 응원단 |
| 20. 喊 | hǎn | 동 | 외치다 |
| 21. 哑 | yǎ | 동 | 목이 쉬다 |
| 22. 总算 | zǒngsuàn | 부 | 겨우. 마침내 |
| 23. 白 | bái | 부 | 헛(~하다). 헛되이. |
| 24. 实况转播 | shíkuàng zhuǎnbō | | 생방송 |
| 25. 转播 | zhuǎnbō | 명 동 | 중계방송(하다) |
| 26. 说实话 | shuō shíhuà | | 진실을 말하다. 솔직히 말하자면 |
| 27. 就是 | jiùshì | 접 | 다만. 단지. ~을 뿐이다 |
| 28. 运气 | yùnqi | 명 | 운. 운세. 운수 |
| 29. 差 | chà | 형 | 나쁘다. 모자라다 |
| 30. 一些 | yìxiē | 수량 | 약간. 얼마간(의) |
| 31. 点钟 | diǎnzhōng | 양 | 시(時) |
| 32. 约 | yuē | 동 | ~하자고 요청하다. ~해달라고 요청하다 |
| 33. 发音 | fā yīn | | 발음 |
| 34. 半天 | bàntiān | 명 | 한참 동안 |

## 课文 Kèwén 본문

1

A：明天 晚上 韩国队 跟 哪个队 比赛？

Míngtiān wǎnshang Hánguóduì gēn nǎ ge duì bǐsài?

B：跟 日本队 比赛。

Gēn Rìběnduì bǐsài.

A：你 去 看 吗？

Nǐ qù kàn ma?

B：那 还 用 说！ 我 这 个 超级 球迷 还 能 不 去？

Nà hái yòng shuō! Wǒ zhè ge chāojí qiúmí hái néng bú qù?

A：票 买好 了 吗？

Piào mǎihǎo le ma?

B：买好 了。

Mǎihǎo le.

A：你 女 朋友 跟 你 一起 去 吗？

Nǐ nǚ péngyou gēn nǐ yìqǐ qù ma?

B：那 当然。本来 她 对 足球 不 感 兴趣，但 现在 受
Nà dāngrán. Běnlái tā duì zúqiú bù gǎn xìngqu, dàn xiànzài shòu
我 的 影响，也 爱看 球赛 了。
wǒ de yǐngxiǎng, yě ài kàn qiúsài le.

2

A：昨晚 的 球赛 怎么样？
Zuówǎn de qiúsài zěnmeyàng?
B：特别 精彩！ 韩国队 赢 了，日本队 输 了。
Tèbié jīngcǎi! Hánguóduì yíng le, Rìběnduì shū le.
A：比分 是 多少？
Bǐfēn shì duōshao?
B：三 比 二。我 参加 拉拉队，把 嗓子 都 喊哑 了。
Sān bǐ èr. Wǒ cānjiā lālāduì, bǎ sǎngzi dōu hǎnyǎ le.
C：总算 没 白 喊。我 看了 实况 转播，说 实话，
Zǒngsuàn méi bái hǎn. Wǒ kànle shíkuàng zhuǎnbō, shuō shíhuà,
日本队 踢 得 也 不错，就是 运气 差 了 一些。
Rìběnduì tī de yě búcuò, jiùshì yùnqi chà le yìxiē.

## 注释 Zhùshì 설명

### 1 韩国队，加油！ 한국팀, 파이팅!

"加油"有以下两个用法：

"加油" 는 다음 두 가지의 쓰임새가 있다:

1. 用于鼓励对方，给对方助威。相当于韩语的"파이팅""힘을 (더) 내다"或"응원하다"。如：

그 소리를 듣게 되는 사람이나 팀을 격려하며 응원할 때에 쓰인다. 한국어의 "파이팅", "힘을 (더) 내다" 혹은 "응원하다"에 해당한다. 예:

(1) 加油！加油！中国队，加油！
(2) 加油干！一定要在星期六以前干完！
(3) 你放心，比赛那天我们都去给你加油。

2. 添加某种油类。"加"是动词，"油"是宾语。跟"주유소"相对应的汉语词就是"加油站"。又如：

어떤 종류의 기름을 첨가한다는 뜻이다. "加"는 동사이며 "油"는 목적어이다. 한국어의 "주유소"에 해당하는 중국어가 바로 "加油站"이다. 예:

(1) 附近有加油站吗？我得给汽车加油。
(2) 这种车应该加什么油？
(3) 我现在正在减肥呢，你做菜的时候别加太多油。

"加"是一个常用的动词，相当于韩语的"보태다""더하다""늘리다"或者"넣다"等。如：

"加"는 자주 쓰이는 동사이며, 한국어의 "보태다","더하다","늘리다" 혹은 "넣다"에 해당한다. 예:

(1) 11 加 9 是 20，20 减 9 是 11。
(2) 这个菜很咸，你是不是加了很多盐？
(3) 一千五太少，你再给他加点儿，两千怎么样？

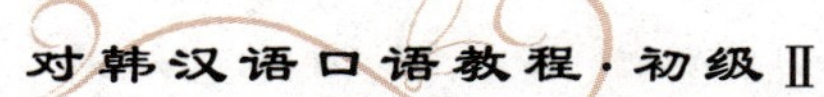


## 2 我这个超级球迷还能不去?
## 나와 같은 슈퍼팬이 안갈 리가 있나?

这是一个反问句,副词"还"用于句中起到加强语气的作用。反问句的特点是用否定形式来加强肯定的表述,用肯定的形式来加强否定的表述。"我这个超级球迷还能不去?"表述的意思是"我这个超级球迷当然要去"。韩语中类似的表达方式有"(안) ~할/하는 리가 있나?"。又如:

이 같은 형식의 문장을 반문문이라 한다. 부사인 "还"는 반문문에 쓰여 어투를 강화시킨다. 반문문의 특징은 부정적인 구조로 긍정적인 뜻을 강화시키고 긍정적인 구조로 부정적인 뜻을 강화시킨다는 점이다. "我这个超级球迷还能不去?"로 표현하려는 뜻은 "我这个超级球迷当然要去"이다. 한국어 중에 비슷한 표현으로서 "~할/하는 리가 있나?"와 "~하지 않을 리가 있나?"가 있다. 예:

(1) 那还用说!(不用说)
(2) 我是你姐姐,还能不帮你吗?(我当然要帮你。)
(3) 你是中文系的学生,还能不会说汉语?(你应该会说汉语。)
(4) 我能忘了别人的生日,还能忘了你的生日?(我忘不了你的生日。)

## 3 票买好了吗? 표를 사놓았니?

"买好"的"好"是结果补语,表示动作的完成,类似于韩语的"~해놓다"。如:

"买好"의 "好"는 결과보어로서 동작의 완성을 나타낸다. 한국어의 "~해놓다"와 비슷하다. 예:

(1) 做好饭了吗?
(2) 快点儿,穿好衣服,咱们出去。
(3) 我已经跟他说好了,两点钟在学校门口见面。
(4) 我跟男朋友约好了周末一起去看电影。

## 4 但现在受我的影响,也爱看球赛了。
## 그러나 이제는 내 영향을 받아서 축구 경기 보는 것을 좋아해.

"影响"既是名词,也是动词,表示对人或者事物所起的作用,相当于韩语的"영향(을 주다)"。"受……影响"相当于韩语的"…의 영향을 받다"。如:

"影响"은 명사 겸 동사로서 사람이나 사물에 대한 어떤 작용을 나타낸다. 한국어의 "영향(을 주다)"에 해당한다. "受…影响"은 한국어의 "…의 영향을 받다"에 해당한다. 예:

(1) 这本书在中国很有影响。
(2) 每天打工影响不影响你的学习？
(3) 在爸爸的影响下，我学了英语和汉语两门外语。
(4) 因为这件事，他的心情很受影响，所以考试没考好。

### 5 总算没白喊。 고함친 게 겨우 헛되지 않게 되었어.

句中的"白"用于动词前表示动作没有起到什么效果，相当于韩语的"헛되이 ~하다"。"白"可以重叠以加强语气。如：

여기서 "白"는 동사 앞에 붙어서 어떤 동작이 효과가 없음을 나타낸다. 한국어의 "헛되이 ~하다"에 해당하다. "白"를 중첩하여 쓰면 어투가 세진다. 예:

(1) 他白花了这么多钱留学，汉语水平还是这么差。
他白白花了这么多钱留学，汉语水平还是这么差。
(2) 我白等了你一个小时。
我白白等了你一个小时。
(3) 他们全都白干了，白白辛苦了一个月，怎么能不生气呢！

### 6 就是运气差了一些。 다만 운이 조금 안좋았을 뿐이다.

句中的"就是"是副词，用来确定范围。相当于韩语的"다만 ~을 뿐이다"。如：

여기서 "就是"는 부사이며, 어떤 범위를 확정시키는 작용을 한다. 한국어의 "다만 ~할 뿐이다"에 해당한다. 예:

(1) 我没别的意思，就是想跟你认识。
(2) 那个地方就是有点儿远，你去不去？
(3) 我没别的事，就是想向您请教一下这个问题。

"一些"是口语中常用的数量词，它比"一点儿"表示的数量要多。"一些"类似于韩语的"약간"或"얼마간(의)"。口语中"一些"的"一"常省略。如：

"一些"는 입말에서 많이 쓰이는 수량사이며, "一点儿"보다 더 많은 수량을 나타낸다. "一些"는 한국어의 "약간"이나 "얼마간(의)"과 비슷하다. 입말에서 "一些"의 "一"는 생략되는 경우가 많다. 예:

(1) 有一些事你还不知道。(有些事你还不知道。)
(2) 睡觉以前他吃了一些感冒药。(睡觉以前他吃了些感冒药。)
(3) 他去市场买了一些水果和蔬菜。(他去市场买了些水果和蔬菜。)

"些"常跟指示代词"这"和"那"结合,"这些"和"那些"相当于"这"和"那"的复数,用于指示两个以上的人或事物,用韩语表达就是"이 ~들"和"그(저) ~들"。如:

"些"는 지시대명사인 "这" 또는 "那"와 잘 결합한다. "这些"와 "那些"는 "这"와 "那"의 복수 형태로 볼 수 있으며, 둘 이상의 사람이나 사물을 가리킨다. 한국어로 "이 ~들"과 "그(저) ~들"에 해당한다. 예:

(1) 这些书是谁的?
(2) 那些人在干什么呢?
(3) 这些钱是爷爷给你的。
(4) 那些韩国球迷都穿着红色的T恤衫。

## 练习 Liànxí 연습

### 一 看图填空并回答问题
그림을 보고 빈칸을 채우고, 아울러 물음에도 답하세요.

你喜欢什么运动?
你比较爱看什么比赛?

例:我喜欢踢足球,爱看足球比赛。

______泳 수영하다

______步 조깅하다

______山 등산하다

打网______ 테니스를 치다

______自行车 자전거를 타다
(qí zìxíngchē)

打______球 농구를 하다
(dǎ lánqiú)

打______球（dǎ bàngqiú）
打______球（dǎ pīngpāngqiú）
打______球（dǎ yǔmáoqiú）
打______球（dǎ táiqiú）
打______球（dǎ bǎolíngqiú）
打______球（dǎ gāo'ěrfūqiú）

(보기: 保龄 爬 台 羽毛 跑 球 乒乓 棒 高尔夫 游 篮 骑)

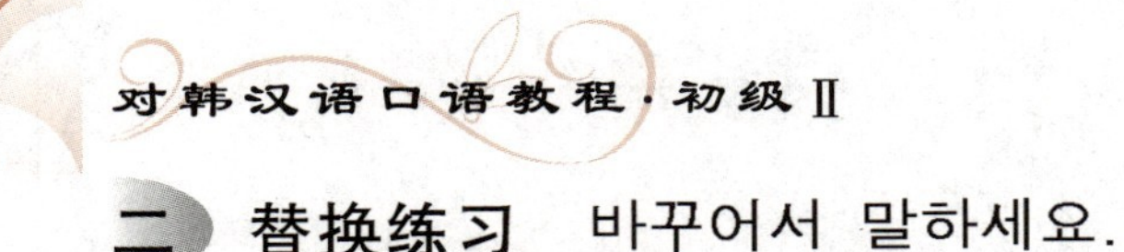

## 二 替换练习 바꾸어서 말하세요.

1. 你会游泳吗？ / 比赛精彩吗？ / 你打台球打得不错啊！ / 你也想参加啦啦队吧？ **那还用说，** 我从小在海边长大。 / 两支球队都是英国的一流球队。 / 周围的朋友没有一个比我打得好。 / 我要给韩国队加油！

| | | |
|---|---|---|
| 你会游泳吗？ | **那还用说，** | 我从小在海边长大。 |
| 比赛精彩吗？ | | 两支球队都是英国的一流球队。 |
| 你打台球打得不错啊！ | | 周围的朋友没有一个比我打得好。 |
| 你也想参加啦啦队吧？ | | 我要给韩国队加油！ |

2.

| | |
|---|---|
| **本来** | 约好了八点钟见面，因为他有事，又改时间了。 |
| | 皮肤就黑，过了一个夏天以后皮肤就更黑了。 |
| | 我不太喜欢运动，但受男朋友的影响学会了打保龄球。 |
| | 身体就不好，考完试以后身体就更差了。 |

3.

| | | |
|---|---|---|
| 快坐 | **好** | ，老师来了。 |
| 我们已经约 | | 了去看球赛。 |
| 把东西放 | | ，现在开始考试。 |
| 还没买 | | 飞机票呢，怎么办？ |
| 注意，你听 | | 了，我只给你这一次机会。 |

4.

| | | |
|---|---|---|
| 这些球迷 | **把** | 嗓子都喊哑了。 |
| 你要先 | | 汉语学会了。 |
| 他好像不 | | 这件事放在心上。 |
| 打工真 | | 我累坏了，我瘦了很多。 |

5.

| | |
|---|---|
| **说实话，** | 这是谁也想不到的事。 |
| | 这些菜都不合我的口味。 |
| | 他的汉语口语水平真的很差。 |
| | 不是我不想帮你，是我帮不了你。 |

## 三 选词填空 보기에서 골라 빈칸을 채우세요.

| | | | | | | |
|---|---|---|---|---|---|---|
| 实况转播 | 比分 | 球迷 | 加 | 加油 | 运气 | 半天 |
| 影响 | 精彩 | 超级 | 喊 | 实话 | 比赛 | 哑 |

1. 你抽烟太多，嗓子都________了，唱歌也唱得不如以前了。
2. 刚才有人________你的名字，你没听见吗？

3. 你声音小点儿，别________爸爸睡觉。
4. 这次他________不好，输了很多钱。
5. 赢是赢了，但赢得不太________。
6. 可以说美国是一个________大国。
7. 我跟哥哥商量了________，哥哥还是不同意。
8. 许多人看了这场比赛的________。
9. 我就知道她不说________。
10. ________是二比零，德国队赢了。
11. 这些________都穿着红色的T恤衫。
12. 这个菜跟别的菜不一样，要________一点儿醋。
13. 一百米短跑比赛开始了，我们都大喊："________！________！"
14. 一共有十二支球队参加了________。

## 四　组词练习　다음 주어진 한자를 이용하여 단어를 만들어 보세요.

例　心 → 决心　心情　放心　好心

1. 球 →
2. 子 →
3. 一 →
4. 打 →
5. 场 →
6. 国 →
7. 语 →
8. 店 →
9. 生 →
10. 天 →
11. 电 →
12. 年 →

## 五　模仿例句改写句子　보기와 같이 바꾸어 써보세요.

A 例　我比妹妹个子高**一点儿**。→ 我比妹妹个子高**一些**。

1. 这个工作比以前的工作累一点儿。→

2. 今天我的运气差一点儿。→
3. 他比我起床起得早一点儿。→
4. 这是最新款式,价钱贵一点儿。→

*B* 例

| 这件事你不要问。→ 这些事你不要问。<br>那一年我住在北京。→ 那些年我住在北京。 |
|---|

1. 这本杂志(zázhì 잡지)是我买的。→
2. 那个学生的英语口语水平比较高。→
3. 这个菜的味道有点儿咸。→
4. 我觉得那个导游很有经验。→
5. 这个问题你应该请教金先生。→
6. 那个服务员可能是朝鲜族。→

*C* 例

| 我等了你好久,你还是没来。→ 我白等了你好久。 |
|---|

1. 你上了三年学,什么也没学到。→
2. 我花了很多钱,但吃了这种药以后身体还是不好。→
3. 我花了那么多时间教你,但你没有什么进步。→
4. 你都长这么大了,怎么还是不懂事呢?→
5. 我跟他说了半天,他也没听进去。→

*D* 例

| 两点钟他才来。→ 他总算来了。 |
|---|

1. 我花了一个下午的时间才写完作业。→
2. 他今天才把那本书给我。→
3. 弟弟考了两年才考上大学。→
4. 前面五次输了,这次我赢了。→

*E* 例

| 款式很漂亮,但是价钱太贵。<br>→ 款式很漂亮,就是价钱太贵。 |
|---|

1. 东西很多,但没有我想要的。→
2. 他说了很多,但没说实话。→

3. 我挺喜欢打棒球的，但是打得不太好。→
4. 他说得快是快，但是发音有点儿问题。→

## 六　阅读下面的短文做会话练习

다음 글을 읽고 회화연습을 해보세요.

我叫黄善英，是一个韩国女孩儿。以前我对足球不感兴趣。我想不通：二十几个人跑来跑去抢一个球，有什么意思呢？

后来，我交了一个男朋友，他是个球迷，爱踢足球，也非常爱看足球比赛。受他的影响，我开始跟他一起看球赛，慢慢对足球产生了很大的兴趣。你信不信，有时候我熬夜看世界杯足球赛！如果在韩国有韩国队跟外国球队的比赛，那我跟男朋友一定去看，也一定参加拉拉队，为我们的国家队加油。我们跟许多球迷一起，穿着红色的 T 恤衫，一遍又一遍喊"大韩民国"，记不清有多少次把嗓子都喊哑了。

足球，带给我很多快乐！在韩国有很多很多像我这样的球迷。当然男球迷比女球迷多得多，但足球确实是我们民族最喜爱的运动。

| | | |
|---|---|---|
| 抢 | qiǎng | 빼앗다 |
| 产生 | chǎnshēng | 생기다.낳다 |
| 世界杯 | shìjièbēi | 월드컵 |
| 如果 | rúguǒ | 만약 ~하면 |
| 记不清 | jì bu qīng | 똑똑히 기억하지 못한다 |
| 确实 | quèshí | 확실히 |
| 快乐 | kuàilè | 즐거움 |
| 民族 | mínzú | 민족 |
| 喜爱 | xǐ'ài | 즐기다 |

### 会话练习　*회화 연습:*

**场景**(상황)：黄善英和一个中国朋友在一家啤酒屋里喝着啤酒看球赛。

| | | |
|---|---|---|
| 啤酒屋 | píjiǔwū | 호프집 |

# 第十一课 周末 快乐

**Zhōumò kuàilè**

즐거운 주말 되세요

## 生词 Shēngcí 새단어

| | | | |
|---|---|---|---|
| 1. 快乐 | kuàilè | 형 | 즐겁다. 유쾌하다 |
| 2. 打算 | dǎsuan | 명 조동 | 계획. 스케줄. ~할 계획이다 |
| 3. 改变 | gǎibiàn | 동 | 바뀌다. 바꾸다 |
| 4. 发型 | fàxíng | 명 | 머리 스타일 |
| 5. 烫 | tàng | 동 | (머리를) 파마하다 |
| 6. 头发 | tóufa | 명 | 머리카락 |
| 7. 染 | rǎn | 동 | 염색하다 |
| 8. 烫发 | tàng fà | | 머리를 파마하다 |
| 9. 形象 | xíngxiàng | 명 | 이미지(image). 외모 |
| 10. 成熟 | chéngshú | 형 | 성숙하다. (심신 등이) 완숙하다 |
| 11. 反常 | fǎncháng | 형 | 비정상적이다. 이상하다 |
| 12. 照 | zhào | 동 | 비추다. 비치다 |
| 13. 镜子 | jìngzi | 명 | 거울 |
| 14. 要是 | yàoshi | 접 | ~하면 |
| 15. 美发厅 | měifàtīng | 명 | 미용실 |
| 16. 正好 | zhènghǎo | 형 부 | 딱 좋다. 마침 |

| | | | |
|---|---|---|---|
| 17. 该 | gāi | 조동 | ~해야 한다 |
| 18. 剪 | jiǎn | 동 | (가위로) 자르다 |
| 19. 土气 | tǔqì | 형 | 촌스럽다 |
| 20. 时尚 | shíshàng | 명 형 | 유행(하다). 센스 있다. |
| 21. 到时候 | dào shíhou | | (그)때에 이르러 |
| 22. 参谋 | cānmou | 동 | 조언하다 |
| 23. 问题 | wèntí | 명 | 문제. 질문 |
| 24. 逛 | guàng | 동 | 한가롭게 거닐다. 구경하다 |
| 25. 街 | jiē | 명 | 길. 거리 |
| 26. 公园 | gōngyuán | 명 | 공원 |
| 27. 哭 | kū | 동 | 울다 |
| 28. 俩 | liǎ | 수량 | 둘. 두 사람. 두 개 |
| 29. 恋爱 | liàn'ài | 명 동 | 연애. 연애하다 |
| 30. 笑 | xiào | 동 | 웃다 |
| 31. 西单 | Xīdān | 고유 | 시딴 (뻬이징 시내의 지명) |

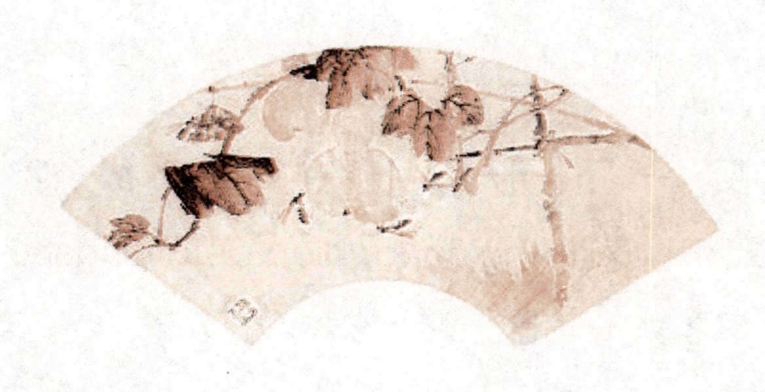

## 课文 Kèwén 본문

**1**

A：这个周末你有什么打算？

Zhè ge zhōumò nǐ yǒu shénme dǎsuan?

B：我想改变一下发型，烫一下头发。

Wǒ xiǎng gǎibiàn yíxià fàxíng, tàng yíxià tóufa.

A：你是怎么了？上星期刚染了头发，这星期又要烫发！

Nǐ shì zěnme le? Shàng xīngqī gāng rǎnle tóufa, zhè xīngqī yòu yào tàng fà!

B：我想改变一下形象，变得成熟一些。

Wǒ xiǎng gǎibiàn yíxià xíngxiàng, biàn de chéngshú yìxiē.

A：你是不是喜欢上什么人了？

Nǐ shì bu shì xǐhuan shang shénme rén le?

B：你看出来了？

Nǐ kàn chulai le?

A：我 觉得 你 最近 有点儿 反常，老 照 镜子。

Wǒ juéde nǐ zuìjìn yǒudiǎnr fǎncháng, lǎo zhào jìngzi.

2

A：你 要是 没 什么 事儿，就 陪 我 一起 去 美发厅 吧！

Nǐ yàoshi méi shénme shìr, jiù péi wǒ yìqǐ qù měifàtīng ba!

B：行，正好 我 的 头发 也 长 了，该 剪剪 了。

Xíng, zhènghǎo wǒ de tóufa yě cháng le, gāi jiǎnjian le.

A：是 啊，你 现在 这 个 发型 有点儿 土气，应该 剪 一 个 时尚 点儿 的 发型。

Shì a, nǐ xiànzài zhè ge fàxíng yǒudiǎnr tǔqì, yīnggāi jiǎn yí ge shíshàng diǎnr de fàxíng.

B：好。剪 什么 发型，到 时候 你 帮 我 参谋 一下。

Hǎo. Jiǎn shénme fàxíng, dào shíhou nǐ bāng wǒ cānmou yíxià.

A：没 问题。对了，欢英 约 我们 明天 下午 去 西单

Méi wèntí. Duì le, Huānyīng yuē wǒmen míngtiān xiàwǔ qù Xīdān

逛　街，你去不去？
guàng jiē,　nǐ　qù bu qù?

B：去。下　星期我　姐过　生日，我　正好　要给她买
Qù.　Xià　xīngqī　wǒ　jiě guò shēngri,　wǒ　zhènghǎo yào gěi　tā　mǎi

一件　生日　礼物。
yí　jiàn　shēngri　lǐwù.

## 注释 Zhùshì 설명

**1　这个周末你有什么打算？**
**이번 주말에 스케줄이 어떻게 되니?**

句中的"打算"是名词，相当于韩语的"스케줄"或"계획"。如：

여기서 "打算"은 명사이며, 한국어의 "스케줄"이나 "계획"에 해당한다. 예:

(1) 你把你的打算告诉爸爸了吗？
(2) 你有没有出国留学的打算？

"打算"也常用作助动词，后面带动词性宾语，相当于韩语的"~할 생각(계획)이다"或"~하기로 했다"。如：

"打算"은 대체로 동사로 잘 쓰이는 편이며, 뒤에 동사목적어가 붙는다. 한국어의 "~할 생각(계획)이다" 혹은 "~하기로 했다"에 해당한다. 예:

(1) 你打算怎么减肥？
(2) 我不打算买这么贵的衣服。
(3) 我打算考完试以后去公园玩儿。

**2　你是怎么了？　어떻게 된 거냐?**

"怎么了"表示对某种行为、举动或现象感到反常并询问原因，相当于韩语的"어떻게 된 거냐"。"怎么了"前面可加"是"或者"这是"来加强语气。如：

"怎么了"는 어떤 행동이나 현상을 보고 이상하다고 생각해서 그 원인에 대하여 묻는 말씨이다. 한국어의 "어떻게 된 거냐"에 해당한다. "怎么了" 앞에 "是" 혹은 "这是"를 붙여서 어투를 세게 만들 수 있다. 예:

(1) 你们都怎么了？为什么哭了？
(2) 你是怎么了，那么怕见他？
(3) 爷爷这是怎么了？快叫医生！

### 3 上星期刚染了头发　지난 주에 금방 머리 염색했는데.

"上星期"也可以说成"上个星期"。"上"相当于韩语的"지난"，表示刚过去的时间或次序靠前。"上"的反义词为"下"，"下"相当于韩语的"다음"。如：

"上星期"는 "上个星期"로도 말할 수 있다. "上"은 한국어의 "지난"에 해당하며, 지나간 시간이나 아주 가까이 앞선 순서를 가리킨다. "上"의 반대말은 "下"이며, "下"는 한국어의 "다음"에 해당한다. 예:

上星期六 / 下星期六　　上个月 / 下个月
上学期 / 下学期　　上一次 / 下一次
上节课 / 下节课　　上次考试 / 下次考试

### 4 你是不是喜欢上什么人了？
### 너 혹시 어떤 사람을 좋아하게 되었니?

"喜欢"后面的"上"是趋向补语，表示动作开始并继续下去，强调的是开始。韩语中与此类似的表达方式是"~하게 되었다 "或"~하기 시작했다"。又如：

"喜欢" 뒤에 있는 "上"는 방향보어로서 동작이 시작되어 계속됨을 나타내며, 특히 '시작'을 강조한다. 한국어 중에 그와 비슷한 표현은 "~하게 되었다"나 "~하기 시작했다"이다. 예:

(1) 你们俩什么时候好上了？
(2) 我爱上了朋友的男朋友，怎么办？
(3) 这孩子，也不做作业，又玩儿上了！

### 5 你要是没什么事，就陪我一起去美发厅吧！
### 네게 별일이 없으면 나랑 같이 미용실에 가줄래!

"要是"是连词，表示假设，相当于韩语的"~이라면"或"만약 ~하면"。"要是"一般用于前一小句，后一小句常用"就"呼应。 如：

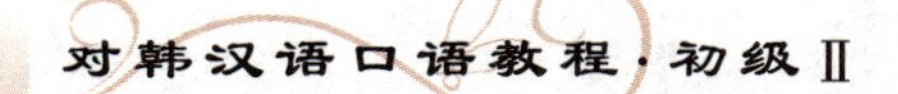

"要是"는 접속사로서 가정을 나타낸다. 한국어의 "~이라면" 혹은 "만약 ~하면"에 해당한다. "要是"는 보통 앞절에 쓰이고, 뒤절에 "就"가 나와 호응하는 경우 많다. 예:

(1) 要是你,你去吗?
(2) 他要是不同意,怎么办?
(3) 要是他家的电话打不通,你就打他的手机。
(4) 要是你身体不舒服,就先回家休息吧。

### 6 正好我的头发也长了。 마침 내 머리도 길어졌어.

"正好"主要有以下两个用法:

"正好"는 주로 다음 두 가지의 쓰입새가 있다.

1. 作形容词,表示时间、体积、数量、程度等恰到好处。如:

형 시간, 체적, 수량, 정도 따위가 꼭 알맞다. 딱 좋다. 예:

(1) 你来得正好,我正想找你呢。
(2) 这双鞋我穿正好,不大也不小。
(3) 六千块钱正好,咱们俩一人三千块钱。

2. 作副词,表示碰巧遇到机会。如:

부 마침. 때마침. 공교롭게도. 예:

(1) 正好我也想去看球赛,咱们一起去吧!
(2) 我下午去书店,正好可以帮你买这本书。
(3) 王老师来了,你正好可以向王老师请教一下这个问题。

### 7 欢英约我们明天下午去西单逛街

후안잉은 우리보고 내일 오후에 시딴에 거리 구경가자고 했는데.

"约"是动词,表示邀请,相当于韩语的"~하자고 요청하다"或"~하라고 요청하다"。如:

"约"는 동사로서 요청을 나타낸다. 한국어의 "~하자고 요청하다" 혹은 "~하라고 요청하다". 예:

(1) 男朋友约我星期六晚上去看电影。

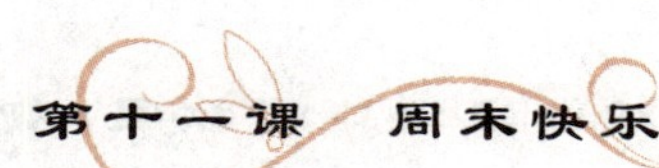


(2) 她约我去她家玩儿，但我没时间去。
(3) 我打算约几个朋友一起去。

**注意：** 口语中常用的“约好”（“好”是结果补语）可以译为“~하자고 약속해 놓았다”，但要注意两者的用法有些差别。“约好”的主语必须是两个人或者两个人以上，而不能是一个人。如：

**주의:** 입말에 잘 쓰이는 “约好”（“好”는 결과보어이다)도 “~하자고 약속해 놓았다”로 번역할 수 있지만, 그 두 가지의 쓰임새에 약간의 차이가 있음에 주의해야 한다. “约好”의 경우는 주어가 반드시 두 사람 이상이어야 하며 한 사람이 될 수는 없다. 예:

(1) 我跟女朋友约好在爱神咖啡厅见面。（○）
我约好女朋友在爱神咖啡厅见面。（×）
(2) 我们几个同学约好了一起去看张老师。
(3) 你跟金先生约好见面时间了吗？

“约好”所指的行动也是双方或多方共同参与的行动，单方面承诺的行动不能用“约好”，而应该用“保证”等别的词。如：

“约好”가 가리키는 행동도 쌍방이나 그 이상의 주체들이 다 함께 참여하는 행동이다. 하나의 주체가 일방적으로 승낙한 행동에는 “约好”를 사용할 수 없다. 그러한 경우에는“保证”등과 같은 다른 단어를 써야 한다. 예:

저녁 9시까지 집에 돌아온다고 어머니와 약속했다.
→ 我跟妈妈约好晚上九点以前回家。（×）
我向妈妈保证晚上九点以前回家。（○）

## 练习 Liànxí 연습

### 一 替换练习 바꾸어서 말하세요.

1.
A: 便宜点儿吧。
你得给我当参谋啊。
别忘了帮我买点儿中国茶。
请你一定转告他这件事。

**B: 没问题，** 您买得多，当然应该便宜点儿。
我给你当参谋，你放心。
我一定给你买。
我一定转告他这件事。

2. 周末
祝你生日
在中国的这几天我过得很
收到那么多礼物，我当然很
**快乐**。

3. 你这是
这孩子
你
他是
**怎么了？**
一会儿哭一会儿笑。
不吃饭也不说话。
哪儿不舒服？
穿了这么一条红裤子。

4. 我以前就看
有什么话你就说
你还没听
我能吃
**出来**
了，他们俩不是普通的朋友。
，让大家听听。
吗？他的意思是让大家交钱。
这是中国人做的泡菜。

5. 几个朋友
男朋友
我跟几个同学
我和陈老板
**约**
我去爬山。
我今晚去看电影。
好了一起去看棒球比赛。
好了明天在北京饭店见面。

## 二 选词填空 보기에서 골라 빈칸을 채우세요.

| 反常 | 镜子 | 染 | 笑 | 哭 | 正好 | 改变 | 逛 | 土气 |
|---|---|---|---|---|---|---|---|---|
| 街 | 剪 | 参谋 | 时尚 | 公园 | 俩 | 成熟 | 形象 | |

1. 是你呀，你怎么把头发________黄了？
2. 因为是周末，所以________上人很多。
3. 听说妈妈一会儿就来，弟弟高兴地________了。

4. 他呀,人很好,就是________差一些。
5. 天气很热,我打算把头发________短一些。
6. 他平时起得很晚,但今天很________,五点钟就起床出去了。
7. 这条裙子的颜色有点儿________,有没有别的颜色?
8. 你照照________,打扮打扮。
9. 她________了,因为她这个学期有三门课不及格。
10. 北京好玩儿的地方很多,有很多有名的________。
11. 你们________打算去哪家美发厅烫发?
12. 你帮我________一下,买那件白的还是买那件红的?
13. 这种发型是一种最新________,一般的美发厅还做不了这种发型呢。
14. 都三十多岁了,还像个孩子,一点儿也不________。
15. 那天________是我母亲的生日,能不能换一个时间?
16. ________了好几家商店,但还是没有买到我想要的那种牛仔裤。
17. 你应该烫烫发,买几件漂亮衣服,________一下形象。

## 三 模仿例句改写句子 보기와 같이 바꾸어 써보세요.

**A 例**

> 你没什么事就陪我去逛街。
> → 你**要是**没什么事,**就**陪我去逛街。

1. 价钱太贵就没人买。→
2. 看不懂就问老师。→
3. 任课老师不同意就不能换班。→
4. 你想交男朋友就得打扮得漂亮一点儿。→

**B 例**

> 你刚染了头发吧? → 你**是不是**刚染了头发?

1. 你感冒了吧?→
2. 这本书很畅销吗?→
3. 今天早上你又睡懒觉了吧?→
4. 你觉得坐出租车很贵吗?→

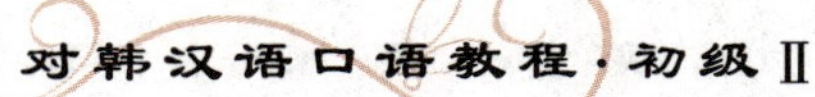



*C* 例 | 上星期刚染了头发,……→这星期**又**要烫发!

1. 刚吃了两碗米饭,……→
2. 刚考完英语,……→
3. 我不是刚给你一千块钱吗?……→
4. 昨天不是刚买了两件新衣服吗?……→

*D* 例 | 不早了,我应该回家了。→不早了,我**该**回家了。

1. 九点了,应该上课了。→
2. 今天应该谁请客?→
3. 你们不应该旷课。→
4. 我觉得你不应该输给他。→

*E* 例 | 王乐九月八号过生日,他生日那天我要送给他一件生日礼物。
→王乐九月八号过生日,**到时候**我要送给他一件生日礼物。

1. 我爸下星期去北京,他去北京的时候我要让他帮我买些汉语书。
→
2. 后天有球赛,比赛的时候我要去运动场给我们学校的篮球队加油。
→
3. 星期五考完试,考完试以后咱们一起去喝酒、唱卡拉OK。
→

## 四 按正确的顺序排列句子 다음 문장을 바르게 정리해 보세요.

例 | 一下 改变 打算 形象 我 →我打算改变一下形象。

1. 反常 有点儿 觉得 我 天气 最近
→

2. 打 朋友 下午 我 约 去 乒乓球
  →
3. 想 时尚 点儿 剪 我 发型 的 一个
  →
4. 要 我 买 我爱人 件 一 生日 正好 礼物 给
  →

## 五 阅读下面的短文并选字填空
다음 글을 읽고 보기에서 골라 문장을 완성하세요.

### 恋爱中的善英

善英是我的同屋,也是我的好朋友。她喜欢运________,爱说爱笑,但平__________不太注意打扮,也不化妆,性格有点儿________男孩子。

但最近她有点儿反常,好像突然变得温柔了,而且特别喜________打扮,每天照镜子,对逛街买衣服也很有兴________,还老让我陪她去美发________染发、烫发。有一次,她打扮得漂漂亮亮的,好像要出去见什么人,我就问她:"善英,有约________啊?你是不是有男朋友了?"她笑了笑,什么也没说就出去了。看来,她心________一定有秘密,但现在还不想告诉我。

我觉得,善英一定是爱上了一个人,是爱情改________了她。爱情让她变得更漂亮、更温柔,也更有女人味儿了。

(보기: 变 趣 动 里 像 会 厅 欢 时)

| 化妆 | huàzhuāng | 화장하다 | 性格 | xìnggé | 성격 |
| --- | --- | --- | --- | --- | --- |
| 突然 | tūrán | 갑자기 | 温柔 | wēnróu | 부드럽다 |
| 爱情 | àiqíng | 사랑 | 女人味儿 | nǚrénwèir | 여성스러움 |

## 六 口头作文："快乐的一天"。想想最近哪一天过得比较快乐，讲给大家听。

말하기 연습: "즐거운 하루". 요즘 비교적 즐겁게 지낸 어떤 날을 생각해 보고, 학우들에게 그 이야기를 해주세요.

# 第十二课　白色的 圣诞 节

## Báisè de Shèngdàn Jié

## 화이트 크리스마스

### 生词 Shēngcí 새단어

| | | | |
|---|---|---|---|
| 1. 天气预报 | tiānqì yùbào | | 일기예보 |
| 2. 冷 | lěng | 형 | 춥다 |
| 3. 气温 | qìwēn | 명 | 기온 |
| 4. 度 | dù | 양 | 도(온도, 밀도, 농도 따위의 단위) |
| 5. 零下 | língxià | 명 | 영하. 영도이하 |
| 6. 左右 | zuǒyòu | 명 | 가량. 안팎. 내외 |
| 7. 晴 | qíng | 형 | 맑다. (날씨가) 개다 |
| 8. 阴 | yīn | 형 | 흐리다 |
| 9. 而且 | érqiě | 접 | 게다가. 또한. 그리고 |
| 10. 可能 | kěnéng | 부 | 아마도. ~일지도 모른다 |
| 11. 会 | huì | 조동 | ~할 가능성이 있다. ~할 것이다 |
| 12. 雪 | xuě | 명 | 눈 |
| 13. 如果 | rúguǒ | 접 | 만약 ~하면 |
| 14. 公休日 | gōngxiūrì | 명 | 공휴일. |
| 15. 基督徒 | jīdūtú | 명 | 기독교 교인 |
| 16. 全国 | quánguó | 명 | 전국 |

| | | | |
|---|---|---|---|
| 17. 放假 | fàng jià | | 휴가로 쉬다. 방학하다 |
| 18. 气候 | qìhòu | 명 | 기후 |
| 19. 四季 | sìjì | 명 | 사계절 |
| 20. 分明 | fēnmíng | 형 | 분명하다 |
| 21. 拿……来说 | ná……láishuō | | ~의 경우. ~로 예를 들면 |
| 22. 老家 | lǎojiā | 명 | 고향 |
| 23. 冬天 | dōngtiān | 명 | 겨울 |
| 24. 干燥 | gānzào | 형 | 건조하다 |
| 25. 习惯 | xíguàn | 동 명 | 습관. 습관이 되다. 적응되다 |
| 26. 沙尘 | shāchén | 명 | 황사. 모래먼지 |
| 27. 戴 | dài | 동 | (머리, 얼굴, 가슴, 팔, 손 따위에) 착용하다. 쓰다 |
| 28. 隐形眼镜 | yǐnxíng yǎnjìng | | 콘택트 렌즈 |
| 29. 眼镜(儿) | yǎnjìng(r) | 명 | 안경 |
| 30. 雨 | yǔ | 명 | 비 |
| 31. 刮 | guā | 동 | (바람이) 불다 |
| 32. 风 | fēng | 명 | 바람 |
| 33. 暖和 | nuǎnhuo | 형 | 따뜻하다 |
| 34. 圣诞节 | Shèngdàn Jié | 고유 | 크리스마스 |
| 35. 首尔 | Shǒu'ěr | 고유 | 서울 |

## 课文 Kèwén 본문

1

A：你 听 没 听 天气 预报？
Nǐ tīng méi tīng tiānqì yùbào?

B：听 了。
Tīng le.

A：明天 冷 不 冷？ 气温 多少 度？
Míngtiān lěng bu lěng? Qìwēn duōshao dù?

B：挺 冷 的，气温 零下 五 度 左右。
Tǐng lěng de, qìwēn língxià wǔ dù zuǒyòu.

A：是 晴天 还是 阴天？
Shì qíngtiān háishi yīntiān?

B：是 阴天，而且 可能 会 下 雪。
Shì yīntiān, érqiě kěnéng huì xià xuě.

A：我 就 盼着 下 雪 呢！ 后天 是 圣诞 节，如果 能
Wǒ jiù pànzhe xià xuě ne! Hòutiān shì Shèngdàn Jié, rúguǒ néng
过 一 个 白色 的 圣诞 节，那 就 太 棒 了！
guò yí ge báisè de Shèngdàn Jié, nà jiù tài bàng le!

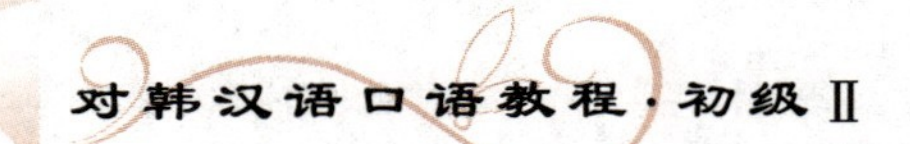


B：在 韩国 圣诞 节 是公休日 吗？
Zài Hánguó Shèngdàn Jié shì gōngxiūrì ma?

A：是。在 韩国，基督徒 比较 多，所以 圣诞 节 全国 放 假 一 天。
Shì. Zài Hánguó, jīdūtú bǐjiào duō, suǒyǐ Shèngdàn Jié quánguó fàng jià yì tiān.

2

A：韩国 的 气候 怎么样？
Hánguó de qìhòu zěnmeyàng?

B：韩国 的 气候 四季 分明。拿 我 老家 首尔 来说，冬天 不 像 北京 这么 冷，夏天 也 比 北京 凉快 一些。
Hánguó de qìhòu sìjì fēnmíng. Ná wǒ lǎojiā Shǒu'ěr láishuō, dōngtiān bú xiàng Běijīng zhème lěng, xiàtiān yě bǐ Běijīng liángkuai yìxiē.

A：北京 的 气候 比较 干燥，你 习惯 不 习惯？
Běijīng de qìhòu bǐjiào gānzào, nǐ xíguàn bù xíguàn?

B：不太习惯。现在是春天，常有沙尘天气，我
Bú tài xíguàn. Xiànzài shì chūntiān, cháng yǒu shāchén tiānqì, wǒ
戴着隐形眼镜很不舒服。
dàizhe yǐnxíng yǎnjìng hěn bù shūfu.

## 注释 Zhùshì 설명

### 1 你听没听天气预报？ 너 일기예보를 들었니?

此句为正反疑问句。"动词+没+动词"的形式表示对已经发生的事情提出询问，而"动词+不+动词"的形式表示对尚未发生的事情提出询问。如：

이와 같은 문장을 정반의문문이라 한다."动词+没+动词"의 형태는 이미 발생한 일에 대하여 묻는 것이고, "动词+不+动词"의 형태는 아직 발생하지 않은 일에 대하여 묻는 것이다. 예:

你去没去图书馆？ 너는 도서관에 갔었니 안갔었니?
你去不去图书馆？ 너는 도서관에 갈래 안갈래?

除了"动词+没+动词"形式的正反疑问句以外，还有"有没有+动词"和"动词+(宾语)+了没有"两种正反疑问句句式，表达同样的意思。如：

"动词+没+动词"형태의 정반의문문 외에 또한 "有没有+动词"와 "动词+(宾语)+了没有"인 두 가지의 정반의문문 형태가 더 있으나 똑같은 뜻을 나타낸다. 예:

(1) 你有没有听天气预报？（你听天气预报了没有？）
(2) 你有没有去图书馆？（你去图书馆了没有？）
(3) 你有没有给手机充电？（你给手机充电了没有？）

### 2 是阴天，而且可能会下雪。
흐리고, 또한 눈이 내릴 가능성이 있대.

"而且"是连词，表示意思更进一层，连接并列的形容词、动词、副词或小句，相当于韩语的"게다가""또한"或"그리고"。如：

"而且"는 접속사로서 '뿐만 아니라'는 뜻을 나타낸다. 병렬된 형용사, 동사, 부사, 절을 연결시킨다. 한국어의 "게다가", "또한" 혹은 "그리고"에 해당한다. 예:

(1) 我很饿,而且很渴。
(2) 我去过北京,而且也游览过故宫和长城。
(3) 他不会电脑,也不会开车,而且,他今年已经五十岁了。

注意: "和"也是连词,但要用于句中连接名词、代词、动词或形容词,而不能连接句子。如:

주의: "和"도 접속사로서 한 문장 중에서 명사, 대명사, 동사, 형용사를 연결시키지만 절을 연결시킬 수는 없다. 예:

(1) 我和姐姐去商店买了面包、牛奶和冰淇淋。
(2) 身体不好,就不能学习和工作。
(3) 这孩子非常可爱和善良。
(4) 我很渴,和肚子很饿。(×)
(5) 是阴天,和可能会下雪。(×)

句中的"会"是助动词,一般表示将来的可能性,但也可以表示过去和现在的可能性。相当于韩语的"~할(한) 것이다"或"~할 수 있다"。如:

여기서 "会"는 조동사로서 보통 장래의 가능성을 나타내지만, 과거나 현재의 가능성도 나타낼 수 있다. 한국어의 "~할(한) 것이다" 혹은 "~할 수 있다"에 해당한다。예:

(1) 今天会不会下雨?
(2) 他们会欢迎我吗?
(3) 没想到他会知道这件事。
(4) 他现在会在家里吗?

### 3 如果能过一个白色的圣诞节,那就太棒了!
### 화이트 크리스마스를 맞는다면 얼마나 신나겠어!

"如果"是连词,表示假设,类似于韩语的"~하면"。"如果"多用于前一小句,后一小句推断出结论、决定或提出问题,常用"那、就"等呼应。如:

"如果"는 접속사로서 가정을 나타낸다. 한국어의 "~하면"과 비슷하다. "如果"는 보통 앞절에 잘 쓰이며 뒷절에는 결론 혹은 결정을 추론하거나 어떤 물음을 제기한다. "那", "就" 등이 나와 호응하는 경우가 많다. 예:

(1) 如果放假时间长,那我就去国外旅行。

(2) 如果不刮风，我们就去打羽毛球。
(3) 如果妈妈不同意，那怎么办？
(4) 如果你输了，今天晚上你请客。

**注意：** 后一小句的“就”必须放在主语后面，不能放在主语前面。如：

**주의:** 뒷절에 있는 “就”는 반드시 주어 뒤에 붙여야 하며, 주어 앞에 놓을 수는 없다. 예:

如果放假时间长，就我去国外旅行。(×)

### 4 拿我老家首尔来说 내 고향 서울의 경우에는.

“拿……来说”用来举例说明，相当于韩语的 “~의 경우”或“~로 예를 들면”。如：

“拿……来说”의 형태는 어떤 예를 들고 설명하려는 것이다. 한국어의 “~의 경우”나 “~로 예를 들면”에 해당한다. 예:

(1) 拿这件事来说，就是你做得不对。
(2) 拿我来说，初中和高中学了六年的英语，但口语还是不行。
(3) 拿玩游戏来说，就很容易上瘾。

### 5 你习惯不习惯？ 너는 적응이 되니 안되니?

句中的“习惯”是动词，后面可带宾语，相当于韩语的 “(~에 대하여) 적응되다 ”或“(~에 대하여) 습관이 되다”。如：

여기서 “习惯”은 동사이며, 그 뒤에 목적어를 가질 수도 있다. 한국어의 “(~에 대하여) 적응되다” 혹은 “(~에 대하여) 습관이 되다”에 해당한다. 예:

(1) 我在韩国住了六年，已经习惯吃辣的了。
(2) 我不习惯吃油腻的菜，你做菜的时候少加点儿油。
(3) 他一直一个人住一个房间，不习惯和别人住在一起。

“习惯”也可以作名词使用，相当于韩语的“습관 ”。如：

“习惯”은 명사로도 쓸 수 있으며, 한국어의 “습관”에 해당한다. 예:

(1) 他有睡懒觉的坏习惯。
(2) 你这个习惯不太好，应该改。
(3) 你这种熬夜的习惯对身体很不好。

## 练习 Liànxí 연습

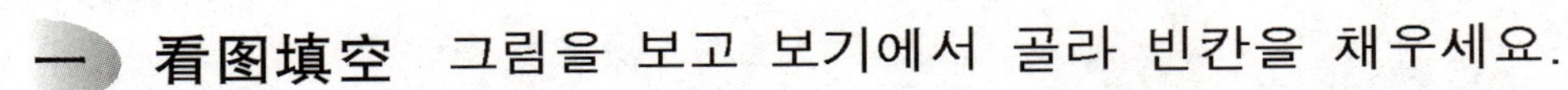

### 一 看图填空 그림을 보고 보기에서 골라 빈칸을 채우세요.

春天了,天气______和了,树叶______了,花也开了,但有时候有沙______天气。

夏天了,天气______了,女孩儿们穿上了______子,很多人去海边游______。

秋天了,天气凉______了,山上的风______变得非常美:有的树叶变______了,有的树叶变______了。秋天是爬山的好季______。

冬天了,天气______了,有时候会下______。这个季节很多人不喜欢去外边运______,所以不少人都长______了。

上午是阴天,而且______着大风。中午开始下______,下了大概两个小时。现在天______了,我可以跟朋友们出去玩儿了。

(보기: 雪 动 热 刮 裙 冷 雨 泳 尘 快 红 胖 暖 晴 景 绿 节 黄)

## 二 选词填空 보기에서 골라 빈칸을 채우세요.

| 圣诞节 | 分明 | 气温 | 干燥 | 公休日 | 预报 | 零下 | 老家 |
|---|---|---|---|---|---|---|---|
| 基督徒 | 拿 | 暖和 | 戴 | 气候 | 眼镜 | 全国 | 放假 |

1. 这儿的冬天气候很______,你平时要多喝水。
2. 上大学以后,她开始戴隐形______。
3. A: 明天______是多少度?
   B: 天气______说是二十五度。
4. ______五度的天气,你怎么还穿得这么少?
5. 在中国,______不像韩国那么多,很多中国人也没有过______的习惯。
6. 那一年,______有很多地方的气候都有点儿反常。
7. 我眼睛不好,不______眼镜不行。
8. 在中国,五月一号和十月一号全国______。
9. ______我来说,就吃不了辣的,所以在韩国生活不太习惯。
10. 我喜欢四季______的气候,挺受不了热带气候的。
11. 一月一号是______,我打算去看看爸爸妈妈。
12. 这儿______挺不错的,夏天不那么热。
13. 外边下着雪,还刮着风。房间里当然比外边______。
14. A: 你______是哪儿?
    B: 我______是沈阳。

沈阳　Shěnyáng　중국도시명

## 三 替换练习 바꾸어서 말하세요.

1. 她不太 / 很多中国人还不 / 陈先生的 / 这是一种很好的 —— **习惯** —— 吃这么咸的菜。/ 喝咖啡。/ 是早睡早起。/ ,你应该向他学习。

| | | |
|---|---|---|
| 她不太<br>很多中国人还不<br>陈先生的<br>这是一种很好的 | **习惯** | 吃这么咸的菜。<br>喝咖啡。<br>是早睡早起。<br>,你应该向他学习。 |

2.

| | |
|---|---|
| 晚上的气温大概在零下十度<br>这个西瓜大概有八斤<br>我跟他见面的时间大概是九点钟<br>从这儿坐火车去北京要花两个小时 | **左右**。 |

3.

| | | | |
|---|---|---|---|
| 他来得<br>穿运动鞋<br>这次考试<br>北京的气候 | **比** | 我晚<br>穿皮鞋舒服<br>上次考试难<br>我老家的气候干燥 | **一些**。 |

4.

| | | | |
|---|---|---|---|
| **拿** | 这本书<br>我女朋友<br>去年和前年 | **来说，** | 我就有很多不懂的地方。<br>她就特别爱逛街买东西。<br>就有过好几次沙尘天气。 |

5.

| | | |
|---|---|---|
| 明天<br>我想，他一定<br>现在还不<br>这么大的事，他怎么 | **会** | 很冷吗？<br>送你生日礼物。<br>打折，下个月可能打折。<br>一点儿不知道？ |

## 四 模仿例句改写句子 보기와 같이 바꾸어 써보세요.

*A* **例**

> 今天早上你听没听天气预报？
> → 今天早上你**有没有**听天气预报？
> 今天早上你听天气预报**了没有**？

1. 你带没带水果和矿泉水？→
2. 你接没接到他的电话？→
3. 你去没去北京出差？→
4. 首尔昨天下没下雪？→

*B* **例**

> 你买不买中韩词典？→ 你买**没**买中韩词典？

1. 你洗不洗澡？→
2. 你吃不吃方便面？→
3. 你去不去他家玩儿？→
4. 你做这个菜的时候，放不放糖？→

C 例 | 会不会下雪？→ 可能会下雪。

1. 陈阿姨会不会上网？→
2. 他平时戴不戴眼镜？→
3. 圣诞节放不放假？→
4. 他习惯不习惯这么早起床？→

D 例 | 天阴了，可能会下雨。→ 天阴了，而且可能会下雨。

1. 他常旷课，上学期有两门课不及格。
   →
2. 房间很小，室内也没有洗手间。
   →
3. 在这儿打工可以挣不少钱，还可以积累社会经验。
   →
4. 这儿的春天很干燥，也常有沙尘天气。
   →

E 例 | 要是天气冷，你就多穿点儿衣服。
→ 如果天气冷，你就多穿点儿衣服。

1. 要是放两个星期的假，那就太棒了！
   →
2. 要是我赢了，你就请我吃北京烤鸭。
   →
3. 要是你不放心，就给他发一条短信。
   →
4. 要是有这么多球迷，那拉拉队的声音一定很大。
   →

## 五 阅读下面的短文，谈谈你最喜欢的节日

다음 글을 읽고 자기가 제일 좋아하는 명절에 대하여 이야기해 보세요.

### 我盼着过春节

我叫刘亮，今年七岁，刚上小学一年级。我最喜欢的节日是春节，过年有很多让我很快乐的事！

一是爸爸妈妈平时工作很忙，没时间陪我玩儿，但过春节的时候，他们俩都放假，所以会带我去公园玩儿。二是吃好的，穿好的。妈妈会给我买几件很漂亮的新衣服，还会买很多好吃的东西，做很多菜让我和爸爸吃。妈妈做菜的手艺很不错，春节过后我们家人都会胖好几斤。春节真是一个吃的节日。

还有，我能收到很多压岁钱。我们家有很多亲戚朋友，我喜欢跟着爸爸妈妈去给那些叔叔阿姨拜年。叔叔阿姨一般都会给我压岁钱。这些压岁钱加在一起就很多，所以春节过后我很有钱，可以买很多我想要的玩具，你说，我能不高兴吗？

| 节日 | jiérì | 명절 | 春节 | Chūn Jié | 설날 |
|---|---|---|---|---|---|
| 过年 | guò nián | 설을 쇠다 | 压岁钱 | yāsuìqián | 세배돈 |
| 亲戚 | qīnqi | 친척 | 叔叔 | shūshu | 아저씨 |
| 拜年 | bài nián | 세배하다 | 玩具 | wánjù | 완구 |

春节 설날

中秋节 추석

圣诞节 크리스마스

# 第十三课 同学 聚会

## Tóngxué jùhuì

## 동창 모임

### 生词 Shēngcí 새 단어

| | | | |
|---|---|---|---|
| 1. 聚会 | jùhuì | 명 | 모임 |
| 2. 认 | rèn | 동 | 분간하다. 알아보다 |
| 3. 敢 | gǎn | 조동 | 감히 ~하다. 대담하게 |
| 4. 女大十八变 | nǚ dà shíbā biàn | | 여자는 어른이 될 때까지 여러 번 모습이 바뀐다 |
| 5. 越……越…… | yuè……yuè…… | | ~하면 할수록 더욱~하다 |
| 6. 发现 | fāxiàn | 동 | 발견하다. 느껴지다 |
| 7. 帅 | shuài | 형 | 멋지다 |
| 8. 承认 | chéngrèn | 동 | 시인하다. 승인하다. |
| 9. 另外 | lìngwài | 형 | 다른. 그밖의 |
| 10. 为 | wèi | 개 | ~을 위하여 |
| 11. 干杯 | gān bēi | | 건배하다. 잔을 비우다 |
| 12. 生活 | shēnghuó | 명 | 생활 |
| 13. 有意思 | yǒu yìsi | | 재미있다 |
| 14. 枯燥 | kūzào | 형 | 지겹다. 무미건조하다 |
| 15. 压力 | yālì | 명 | 스트레스(stress) |

| | | | |
|---|---|---|---|
| 16. 社团 | shètuán | 명 | 동아리 |
| 17. 活动 | huódòng | 명 동 | 활동(하다) |
| 18. 摇滚 | yáogǔn | 명 | 로큰롤(rock and roll) |
| 19. 乐队 | yuèduì | 명 | 밴드. 악단 |
| 20. 演出 | yǎnchū | 명 동 | 공연(하다) |
| 21. 记得 | jìde | 동 | 기억하고 있다 |
| 22. 弹 | tán | 동 | (악기를) 치다. 연주하다 |
| 23. 吉他 | jíta | 명 | 기타(guitar) |
| 24. 酒量 | jiǔliàng | 명 | 주량 |
| 25. 晕 | yūn | 형 | (머리가) 어지럽다 |
| 26. 剩 | shèng | 동 | 남다 |
| 27. 替 | tì | 동 개 | 대신하다. ~를 위하여 |
| 28. 厉害 | lìhai | 형 | 대단하다. 지독하다 |
| 29. 醉 | zuì | 동 | 취하다 |
| 30. 没事(儿) | méi shì(r) | | 괜찮다. 볼일이 없다. 한가하다 |
| 31. 饭量 | fànliàng | 명 | 식사량 |
| 32. 实在 | shízài | 부 | 참으로. 정말. 확실히 |
| 33. 成绩 | chéngjì | 명 | 성적. 성과. 점수 |
| 34. 音乐 | yīnyuè | 명 | 음악 |
| 35. 龙浩 | Lónghào | 고유 | 용호(한국 남자 이름) |

## 课文 Kèwén 본문

1

A：是你啊，智贤！
Shì nǐ a, Zhìxián!

B：是啊，没认出来啊？
Shì a, méi rèn chūlái a?

A：一年不见，我都不敢认了。真是女大十八变，越变越漂亮。
Yì nián bú jiàn, wǒ dōu bù gǎn rèn le. Zhēn shì nǚ dà shíbā biàn, yuè biàn yuè piàoliang.

B：龙浩，我发现你也比以前帅多了。
Lónghào, wǒ fāxiàn nǐ yě bǐ yǐqián shuài duō le.

A：我本来就帅，你怎么现在才发现？
Wǒ běnlái jiù shuài, nǐ zěnme xiànzài cái fāxiàn?

B：好，好，我承认你本来就帅，行了吧？智英他们已经到了吗？
Hǎo, hǎo, wǒ chéngrèn nǐ běnlái jiù shuài, xíng le ba? Zhìyīng tāmen yǐjing dào le ma?

A：我 刚 跟 智英 通过 电话，她 跟 另外 几个 同学 马上 就 到。

Wǒ gāng gēn Zhìyīng tōngguo diànhuà, tā gēn lìngwài jǐ ge tóngxué mǎshàng jiù dào.

## 2

A：来，为 我们 的 聚会 干 杯！

Lái, wèi wǒmen de jùhuì gān bēi！

B，C，D，E：干 杯！

Gān bēi！

A：智贤，你 的 大学 生活 怎么样？有 意思 吗？

Zhìxián, nǐ de dàxué shēnghuó zěnmeyàng? Yǒu yìsi ma?

B：有 意思！高中 的 生活 太 枯燥，大学 里 的 学习 压力 就 小 得 多。我 可以 参加 很 多 社团 活动。

Yǒu yìsi! Gāozhōng de shēnghuó tài kūzào, dàxué li de xuéxí yālì jiù xiǎo de duō. Wǒ kěyǐ cānjiā hěn duō shètuán huódòng.

A：我 也 参加了 我们 学校 的 一 个 摇滚 乐队，下 个

Wǒ yě cānjiāle wǒmen xuéxiào de yí ge yáogǔn yuèduì, xià ge

月 就 有 演出，你 来 看 吧！

yuè jiù yǒu yǎnchū , nǐ lái kàn ba!

B：那 太 好 了！记得 你 以前 弹 吉他 就 弹 得 很 棒。

Nà tài hǎo le! Jìde nǐ yǐqián tán jíta jiù tán de hěn bàng.

3

A：智贤，再 喝 一 杯！

Zhìxián, zài hē yì bēi!

B：不 行 了，我 酒量 小，现在 已经 有点儿 头 晕 了。

Bù xíng le, wǒ jiǔliàng xiǎo, xiànzài yǐjing yǒudiǎnr tóu yūn le.

A：行，那 你 就 别 喝 了，剩下 的 酒 我 替 你 喝。

Xíng, nà nǐ jiù bié hē le, shèngxia de jiǔ wǒ tì nǐ hē.

B：我 看 你 也 脸 红 得 厉害，是 不 是 也 有点儿 醉 了？

Wǒ kàn nǐ yě liǎn hóng de lìhai, shì bu shì yě yǒudiǎnr zuì le?

A：没 事儿！我 饭量 大，酒量 也 大。今天 见 到 你们 实在 是 太 高兴 了！

Méi shìr! Wǒ fànliàng dà, jiǔliàng yě dà. Jīntiān jiàn dào nǐmen shízài shì tài gāoxìng le!

## 注释 Zhùshì 설명

### 1 一年不见，我都不敢认了。

일년 동안 못 봤더니 너를 단번에 알아보지 못하겠어.

句中的"都"是副词，"甚至"的意思。类似于韩语的"심지어""~까지"或"조차도"。如：

여기서 "都"는 부사로서 "甚至"란 뜻에 해당한다. 한국어의 "심지어", "~까지" 혹은 "조차도"와 비슷하다. 예:

(1) 他的名字我都忘了。
(2) 我饭都没吃就来了。
(3) 他一个汉字都不会写。

"敢"是助动词，主要有以下两个用法：

"敢"은 조동사로서 주로 다음 두 가지의 쓰임새가 있다.

1. 表示有把握做出某种判断，相当于韩语的"확신을 가지고"或"감히"。如：

어떤 판단에 대하여 확신이 있음을 나타낸다. 한국어의 "확신을 가지고" 혹은 "감히"에 해당한다. 예:

(1) 他变得很胖，我都不敢认了。
(2) 我敢说他最想见的人就是你。

2. 表示有勇气做某事。可以单独回答问题。相当于韩语的"대담하게""과감하게"或"감히 ~하다"。如：

어떤 일을 할 용기가 있음을 나타내며, 단독으로 쓰여 질문에 답할 수도 있다. 한국어의 "대담하게","과감하게" 아니면 "감히 ~하다"에 해당한다. 예:

(1) 他是一个敢想敢干的人。
(2) 我怕妈妈生气，不敢把这件事告诉她。
(3) 你敢跟我比赛吗？——敢！

## 2 真是女大十八变

정말 여자들이 눈부시게 변하는 건 못 말려

"女大十八变"是俗语,一般侧重指少女变成青春女性时容貌、体态上出现很大变化,变得更为光彩照人。如:

"女大十八变"은 중국 속담이다. 보통 한 소녀가 젊은 숙녀로 변화하는 과정에서 보여주는 외모나 자태의 놀라운 광채를 경탄하는 말씨이다. 예:

(1) 女大十八变,你比小时候漂亮多了。
(2) 真是女大十八变,你越长越像你妈了。

## 3 越变越漂亮。 변하면 변할수록 더욱 예뻐지네.

"越"是副词,"越A越B"是常用的结构,表示B在程度上随着A的增加而增加,相当于韩语的"(~하면) ~할수록"。如:

"越"는 부사로서 "越A越B"의 형태로 잘 쓰인다. A의 변화에 따라 B도 변화함을 나타낸다. 한국어의 "(~하면) ~할수록"에 해당한다. 예:

(1) 雨越下越大。
(2) 汉语越学越难。
(3) 你越不让他玩儿,他越想玩儿。

"越来越+形容词"也是常用的结构,表示程度随着时间的推移而增加,相当于韩语的"점점 더"。如:

"越来越+형용사"의 형태도 많이 쓰인다. 시간의 추이에 따라 그 정도가 점점 더 심해짐을 나타낸다. 한국어의 "점점 더"에 해당한다. 예:

(1) 天气越来越暖和。
(2) 来中国旅游的韩国人越来越多。
(3) 我越来越胖,应该减肥。

## 4 来,为我们的聚会干杯! 자, 우리의 모임을 위하여 건배하자!

"为"是介词,相当于韩语的"~을 위하여"或"~로 인하여"。如:

"为"는 개사로서 한국어의 "~을 위하여" 혹은 "~로 인하여"에 해당한다. 예:

(1) 为你的健康和幸福干杯!

(2) 听说你考上了北京大学,真为你高兴!

(3) 你不能只想你自己,你也要为别人想想啊。

(4) 一直为演出的事忙这忙那,忘了给你打电话。

**5 剩下的酒我替你喝。**

**마시다 남긴 술은 내가 너 대신 마셔 줄게.**

"剩"是动词,相当于韩语的"남다"。"剩"后面常加趋向补语"下",很多情况下"剩下"和"剩"可以互换使用。语感上"剩下"接近于韩语的"남기다"。如:

"剩"은 동사로서 한국어의 "남다"에 해당하다. "剩" 뒤에 방향보어"下"를 자주 붙인다. 많은 경우에 "剩下"와 "剩"은 서로 바꿔 쓸 수 있다. 어감상 "剩下"는 한국어의 "남기다"와 비슷하다. 예:

(1) 别剩饭!(别剩下饭!)

(2) 别人都走了,只剩我一个人了。(别人都走了,只剩下我一个人了。)

(3) 离圣诞节还剩两天。(离圣诞节还剩下两天。)

句中的"替"是动词,相当于韩语的"~대신 하다"。如:

여기서 "替"는 동사로서 한국어의 "~대신 하다"에 해당하다. 예:

(1) 她汉语说得不好,你替她说。

(2) 让孩子自己做作业,你别替他做!

(3) 我很累,你能不能替我一会儿?

"替"也能作介词使用,类似于"为"或"给",相当于韩语的"~을 위하여"或"~에게"。如:

"替"는 전치사로도 사용되며, "为"나 "给"와 비슷한 뜻을 갖는다. 한국어의 "~을 위하여" 혹은 "~에게"에 해당한다. 예:

(1) 你成绩这么好,家里人都替你高兴。

(2) 我替你找了一些汉语书。

### 6 我看你也脸红得厉害

내 보기에도 너의 얼굴이 대단히 빨개졌어

"厉害"是形容词，常作为程度补语用于形容词或动词之后，表示程度严重，类似于韩语的"지독히"或"대단히"。如：

"厉害"는 형용사로서, 자주 정도보어의 역할을 띠고 형용사나 동사 뒤에 붙어서 정도가 아주 심함을 나타낸다. 한국어의 "지독히" 혹은 "대단히"와 비슷하다. 예:

(1) 他醉得厉害，走不了路了。
(2) 我肚子疼得厉害，得去医院。
(3) 妈妈走以后，弟弟哭得很厉害。

"厉害"还有凶猛、令人恐惧的意思。如：

"厉害"는 "무섭다"거나 "사납다"의 뜻도 갖는다. 예:

(1) 你爸对你厉害不厉害？
(2) 这个老师很厉害，学生们都有点儿怕他。

"厉害"在口语中可以用于感叹某人有能力或技艺高强，类似于韩语的"대단하다"。如：

입말에서 어떤 사람의 능력이나 기예 혹은 솜씨가 너무나 좋다고 감탄할 때 "厉害"로 표현하기도 한다. 한국어의 "대단하다"와 비슷하다. 예:

(1) 你真厉害，汉语和英语都说得这么流利！
(2) 真是太厉害了！一年就挣了五十万美元。

## 练习 Liànxí 연습

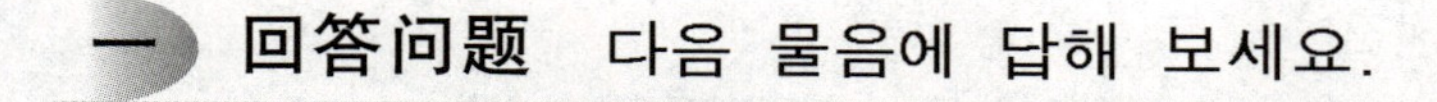

### 一 回答问题 다음 물음에 답해 보세요.

1. 你喜欢参加同学聚会吗？为什么？
2. 你觉得一般的女孩儿是不是女大十八变，越变越漂亮？
3. 你觉得你的高中生活怎么样？

4. 上大学以后，你觉得你的学习压力大不大？
5. 你最喜欢上什么课？
6. 你觉得哪门课比较枯燥？
7. 你喜欢音乐吗？你爱听谁的歌儿？
8. 这个周末你过得有意思吗？最近你看过什么演出？
9. 你爱听摇滚音乐吗？在韩国摇滚乐队多不多？
10. 上大学以后，你有没有参加社团活动？
11. 你有没有参加过演出？
12. 你羡慕不羡慕吉他弹得很好的人？
13. 你的饭量怎么样？酒量大不大？
14. 你爱喝酒吗？喝酒以后脸红不红？喝酒喝醉过吗？

## 二 选词填空 보기에서 골라 빈칸을 채우세요.

| 成绩 | 枯燥 | 聚会 | 承认 | 有意思 | 认 | 压力 | 晕 |
|---|---|---|---|---|---|---|---|
| 帅 | 干杯 | 生活 | 社团 | 活动 | 乐队 | 剩 | 替 |

1. 吃了这个药以后，我觉得头有点儿________。
2. 这种生活太没意思，我不想这样________下去。
3. 为你的幸福生活________！
4. 离考试还________一个星期的时间。
5. 听说你考上了北京大学，大家都________你高兴。
6. 他的________实在是太差了，这次考试只得了 52 分。
7. 你参加________活动可以，但不应该旷课。
8. 这支摇滚________下个月有演出，你去看吗？
9. 有了孩子以后，生活________更大了。
10. 我________我说过这句话。
11. A: 今天下午有什么________？
    B: 今天下午游览故宫。
12. 没想到你哥哥长得这么________。
13. 我承认这门课有点儿________，但这是一门很重要的课。
14. 你________不出来了？这是你姐姐呀！
15. 这次小学同学________一共来了十二个人。
16. 我越看越觉得这本书________。

## 三 替换练习 바꾸어서 말하세요.

1.
| | | |
|---|---|---|
| 你放心，我<br>我怕妈妈生气，不<br>他那么厉害，谁<br>只有这么一点儿钱，我不 | 敢 | 说他心里只有你。<br>回家太晚。<br>说一个“不”字呀？<br>买太贵的东西。 |

2.
| | | |
|---|---|---|
| 你还<br>可能他已经不<br>我有印象，我<br>到现在我还 | 记得 | 这件事吗？<br>我了，因为那是很久以前的事。<br>他是一家日本餐厅的老板。<br>他的名字和他说过的话。 |

3.
| | | |
|---|---|---|
| 除了他们俩，还有<br>请你把<br>他英语不及格，<br>你把陈老师请来， | 另外 | 几个同学。<br>一把吉他拿来。<br>几门课也考得不好。<br>把一年级的同学也全都叫来。 |

4.
| | | |
|---|---|---|
| 我们都<br>你还没<br>我第一个 | 发现 | 她比以前更苗条了，也更漂亮了。<br>他有这个爱好吗？<br>情况反常。 |

5.
| | | |
|---|---|---|
| 妈妈这样做是<br>知道吗？我不是<br>这位韩国同学要<br>我打工不是只 | 为 | 你好。<br>钱工作，我是为我的兴趣工作。<br>大家唱一支韩国歌，请大家鼓掌欢迎。<br>挣钱，我是想积累一些社会经验。 |

6.
| | | |
|---|---|---|
| 学习压力<br>老师说话太快，我<br>听到这样的话，心里<br>家里只剩五千块钱了， | 实在 | 太大了，她瘦了很多。<br>听不懂，能不能说得慢一点儿？<br>不是滋味。<br>是没钱给你买特别好的电脑。 |

## 四 模仿例句改写句子 보기와 같이 바꾸어 써보세요.

A 例 他比过去帅得多。→ 他比过去帅**多了**。

1. 哥哥比我饭量大得多。→
2. 这门课比那门课有意思得多。→
3. 姐姐的成绩比我好得多。→
4. 三年级比二年级学习压力大得多。→

B 例 妹妹比以前变得漂亮多了。→ 妹妹**越**变**越**漂亮了。

1. 雨比刚才下得大多了。→
2. 弟弟的个子比以前长高了。→
3. 你身体不好更得经常运动。→

C 例 冬天到了,天气一天比一天冷了。
→ 冬天到了,天气**越来越**冷了。

1. 春天到了,天气一天比一天暖和。→
2. 圣诞节一天比一天近了。→
3. 他汉语说得比以前流利多了。→
4. 我的肚子疼得比刚才厉害了。→

D 例 再喝一杯!→ **不行了**,我已经醉了。

1. 再玩儿一会儿!→
2. 再吃一碗吧。→
3. 再给我买一条牛仔裤吧。→

E 例 房间里非常热。→ 房间里热得**厉害**。

1. 今天我非常累。→

2. 你呀，太傻了！→
3. 这家商店的东西贵极了。→

F 例　你喝醉了，别喝了。→ **没事儿**，我酒量很大。

1. 时间不早了，你该回家了。→
2. 我不会唱歌，怎么办？→
3. 坏了，我忘带手机了。→

## 五　阅读下面的短文并谈谈你的留学生活

다음 글을 읽고 자신의 유학 생활에 대하여 이야기해 보세요.

1992 年中韩建交以后，来中国留学的韩国学生越来越多，来中国旅游的韩国人也越来越多了。还有不少韩国人长期住在中国。听说，到 2005 年，在中国的韩国人大概有二十万！想想看，二十万！这么多韩国人学在中国，吃在中国，穿在中国，玩儿在中国，当然就出现了"韩国街""韩国城"。像北京的五道口、望京就是这样的地方，有很多中国朝鲜族人和韩国人开的餐馆儿、咖啡厅、美发厅和服装店等。

我也是韩国人，我叫金龙浩，今年刚考上北京大学法律系。平时学习压力挺大的，但是周末我喜欢约几个朋友去五道口，在那儿吃韩国菜、喝酒聊天，唱卡拉 OK，总是玩得特别高兴！有时候我也担心，韩国人老这么聚在一起，嘴里老说韩国语，汉语怎么能进步呢！

| 建交 | jiànjiāo | 수교 | 长期 | chángqī | 오랫동안 |
|---|---|---|---|---|---|
| 出现 | chūxiàn | 나타나다 | 韩国城 | Hánguóchéng | 한국성 |
| 开 | kāi | 경영하다 | 服装店 | fúzhuāngdiàn | 옷가게 |
| 考上 | kǎoshàng | 합격하다 | 法律系 | fǎlǜxì | 법학과 |
| 总是 | zǒngshì | 늘 | 担心 | dān xīn | 걱정하다 |
| 聚 | jù | 모이다 | | | |

## 六 谈谈你们学校的校园文化

자기 학교의 캠퍼스 문화에 대하여 이야기해 보세요.

## 한국어 중의 외래어와 비교해볼 때 중국어 중의 외래어는 어떠한 특징이 있는가?

## 汉语的外来词跟韩语的外来词相比有哪些不同的特点?

"吉他", "咖啡", "啤酒", "电脑" 등은 모두 중국어 어휘 중에 있는 외래어에 속한다. 한국어 중의 외래어와 비교해보면 중국어 중의 외래어는 약간 다른 특징을 갖는다. 한글은 일종의 표음문자이기 때문에 소리나는 그대로(음역 방식) 써서 외래어를 흡수하는 반면에 한자는 표의문자로서 한 글자마다 일정한 의미를 표현한다. 따라서 중국인들은 한자를 전부 다 의미없는 발음 부호처럼 표백시켜서 사용하는데에 익숙하지 않다. 그래서 한국어와 비교해보면, 중국어는 외래어를 흡수할 때에도 한자의 의미와 외래어의 의미를 함께 감안하는 방식(의역 방식)으로 외래어를 흡수하는 경향이 강하다.

전체적으로 보면 중국어가 외래어를 흡수하는 방식은 다음 세 가지가 있다.

(가) 의역방식 : 예를들면 "电影", "超市", "摇滚" 등.

(나) 음역+의역 방식 : 예를 들면 "啤酒", "英国", "基督徒" 등.

(다) 음역방식 : 예를 들면 "可口可乐", "咖啡", "吉他" 등. 음역의 경우 도 가능한한 단어의 뜻을 제시할 수 있는 상용 한자를 택한다.

중국어는 원래부터 성조를 갖는 언어이기 때문에 중국어 중의 외래어도 한자의 성조에 맞추어서 읽어야만 한다.

"吉他""咖啡""啤酒""电脑"等都属于汉语词汇中的外来词。汉语的外来词跟韩语的外来词相比有一些不同的特点。韩文作为一种表音文字，惯于用音译方式吸收外来词；而汉字是表意文字，每个汉字都表达一定的意义，

中国人不习惯于把汉字作为无意义的记音符号来使用，因此，相对而言，汉语更倾向于用意译方式吸收外来词。

归纳起来，汉语吸收外来词有以下三种方式：（一）意译：如“电影”“超市”“摇滚”等；（二）音译+意译：如“啤酒”“英国”“基督徒”等；（三）音译：如“可口可乐”“咖啡”“吉他”等。音译时也往往尽可能地选用能提示意义的常用汉字。

由于汉语是一种有声调的语言，因此读外来词也要读出每个汉字的声调。

**猜猜以下外来词的意思**　*다음 외래어의 뜻을 알아맞혀 보세요.*

| | | | |
|---|---|---|---|
| 沙发 | shāfā | 巧克力 | qiǎokèlì |
| 艾滋病 | àizībìng | 麦当劳 | Màidāngláo |
| 肯德基 | Kěndéjī | 汉堡包 | hànbǎobāo |
| 比萨饼 | bǐsàbǐng | 微软 | Wēiruǎn |
| 黑客 | hēikè | 维生素 | wéishēngsù |
| 超短裙 | chāoduǎnqún | 伊拉克 | Yīlākè |
| 电子邮件 | diànzǐ yóujiàn | 星巴克 | Xīngbākè |
| 新西兰 | Xīnxīlán | 哈佛大学 | Hāfó Dàxué |

**提示**(힌트):

chocolate, Mcdonald, hamburger, Harvard University, Iraq, Microsoft, Aids, sofa, Starbucks, email, Kentucky, FriedChicken, miniskirt, New Zealand, vitamin, hacker, pizza

# 第十四课 好 主意

Hǎo zhúyi

좋은 생각이야

## 生词 Shēngcí 새단어

| | | | |
|---|---|---|---|
| 1. 主意 | zhúyi | 명 | 취지(趣旨). 생각. 방법 |
| 2. 终于 | zhōngyú | 부 | 마침내. 결국 |
| 3. 狂欢 | kuánghuān | 동 | 미친 듯이 즐겁게 경축하다 |
| 4. 放松 | fàngsōng | 동 | 늦추다. (스트레스를) 풀다 |
| 5. 开夜车 | kāi yèchē | | 밤을 새워 일하거나 공부하다 |
| 6. 崩溃 | bēngkuì | 동 | 붕궤하다. 무너지다 |
| 7. 起来 | qǐ lái | | 동사 뒤에 붙여서 어떤 관점이나 논평을 끌어낸다 |
| 8. 拼命 | pīn mìng | | 목숨을 걸다. 필사적으로 하다 |
| 9. 拿 | ná | 동 | 가지다. 받다. 얻다 |
| 10. 学费 | xuéfèi | 명 | 학자금. 학교 등록금 |
| 11. 家里 | jiā li | | 집안. 가정 |
| 12. 减轻 | jiǎnqīng | 동 | 경감하다. 줄이다 |
| 13. 经济 | jīngjì | 명 | 경제. 살림살이 |
| 14. 负担 | fùdān | 명 동 | 부담(하다) |
| 15. 准 | zhǔn | 부 | 틀림없이. 꼭 |

| | | | |
|---|---|---|---|
| 16. ……的话 | ……dehuà | 형 | 편리하다 |
| 17. 放 | fàng | 동 | (학교나 직장이) 쉬다. 놀다 |
| 18. 寒假 | hánjià | 명 | 겨울방학 |
| 19. 初 | chū | 명 | 처음. ~초 |
| 20. 回 | huí | 동 | 돌아오다. 돌아가다 |
| 21. 订 | dìng | 명 | 예약하다. 주문하다 |
| 22. 过年 | guò nián | | 설을 쇠다 |
| 23. 毕业 | bì yè | | 졸업하다 |
| 24. 趁 | chèn | 동 | (때, 기회를) 타다(이용하다) |
| 25. 场 | chǎng | 양 | 번. 차례 |
| 26. 人才 | réncái | 명 | 인력. 인재 |
| 27. 招聘 | zhāopìn | 동 | 모집하다. 초빙하다 |
| 28. 人才招聘会 | réncái zhāopìnhuì | | 인력채용박람회 |
| 29. 能力 | nénglì | 명 | 능력 |
| 30. 准备 | zhǔnbèi | 동 | 준비하다 |
| 31. 出发 | chūfā | 동 | 출발하다 |
| 32. 困 | kùn | 형 | 졸리다. 잠이 오다 |
| 33. 上海 | Shànghǎi | 고유 | 상하이 |

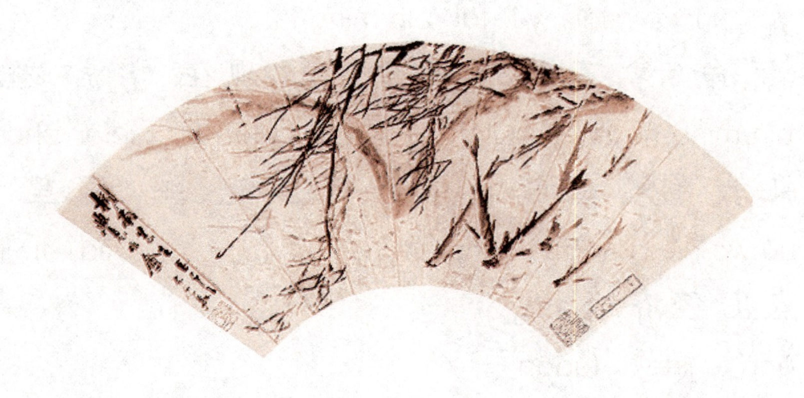

## 课文 Kèwén 본문

**1**

A：终于 考完 试了！今晚 咱们 得 狂欢 一下儿！
Zhōngyú kǎowán shì le! Jīnwǎn zánmen děi kuánghuān yíxiàr!

B：是 得 好好 放松 一下儿 了，这 两 个 星期 我 天天 开 夜车，快要 崩溃 了！
Shì děi hǎohāor fàngsōng yíxiàr le, zhè liǎng ge xīngqī wǒ tiāntiān kāi yèchē, kuàiyào bēngkuì le!

A：你 呀，学习 起来 也 太 拼 命 了。
Nǐ ya, xuéxí qilai yě tài pīn mìng le.

B：不 拼命 拿 不 到 奖学金 啊。现在 学费 这么 贵，如果 我 能 拿到 奖学金，还 能 给 家 里 减轻 一点儿 经济 负担。
Bù pīn mìng ná bu dào jiǎngxuéjīn a. Xiànzài xuéfèi zhème guì, rúguǒ wǒ néng nádào jiǎngxuéjīn, hái néng gěi jiā li jiǎnqīng yìdiǎnr jīngjì fùdān.

A：我 看 你 准 能 拿到。你 拿到 奖学金 的话，咱们

Wǒ kàn nǐ zhǔn néng nádào. Nǐ nádào jiǎngxuéjīn dehuà, zánmen

一起 去 上海 旅游，怎么样？

yìqǐ qù Shànghǎi lǚyóu, zěnmeyàng?

B：好 主意！我 早 就 想 去 上海 玩儿 一 趟 了。

Hǎo zhúyi! Wǒ zǎo jiù xiǎng qù Shànghǎi wánr yí tàng le.

2

A：你们 学校 什么 时候 放 寒假？

Nǐmen xuéxiào shénme shíhou fàng hánjià?

B：我们 学校 一 月 初 就 放 寒假。我 打算 一 放 假 就 回 家。

Wǒmen xuéxiào yī yuè chū jiù fàng hánjià. Wǒ dǎsuan yí fàng jià jiù huí jiā.

A：订好 火车票 了 吗？

Dìnghǎo huǒchēpiào le ma?

B：订好 了。

Dìnghǎo le.

A：真 羡慕 你 能 回 家 过 年。这 个 寒假 我 可能 回

Zhēn xiànmù nǐ néng huí jiā guò nián. Zhè ge hánjià wǒ kěnéng huí

不 了 家 了。

bu liǎo jiā le .

B：为 什么？

Wèi shénme?

A：马上 要 毕 业 了，但 我 还 没 找到 工作。我

Mǎshàng yào bì yè le, dàn wǒ hái méi zhǎodào gōngzuò. Wǒ

打算 趁 寒假 时间 多 参加 几 场 人才 招聘会。

dǎsuan chèn hánjià shíjiān duō cānjiā jǐ chǎng réncái zhāopìnhuì.

## 注释 Zhùshì 설명

**1 是得好好放松一下了** 정말 한바탕 신나게 놀아야겠어.

句中的“是”表示肯定，有“的确”“实在”的意思，一般要重读。如：

여기서 “是”는 긍정을 나타내고, “확실히”, “진짜”의 뜻으로 쓰였다. 이러한 경우는 일반적으로 강세를 주어 읽어야 한다. 예:

(1) 我是得了奖学金，你不信吗？
(2) 陈老板是说过这样的话。
(3) 我是没有他有钱，但我比他有能力。

“放松”表示对事物的注意或控制由紧变松，类似于韩语的“늦추다”或“(스트레스를) 풀다”。如：

“放松”은 사물에 대한 주의력이나 통제가 바짝 죄는 상태에서 풀어놓는 상태로 변화함을 나타낸다. 한국어의 “늦추다” 혹은 “(스트레스를) 풀다”와 비슷하다. 예:

(1) 平时工作压力很大，只有周末可以放松一下。
(2) 最近你好像放松了学习，这样可不行。
(3) 请你放松，慢慢儿说，别紧张(jǐnzhāng 긴장하다)。

### 2 快要崩溃了 곧 쓰러질 것 같아.

句中的“要”是助动词，表示将要和估计，类似于韩语的“~할 것이다”或“~할 것 같다”。如：

여기서 “要”는 조동사로서 곧 어떤 상황의 임박이나 예상을 나타낸다. 한국어의 “~할 것이다”나 “~할 것 같다”와 비슷하다. 예:

(1) 一共要来多少人？
(2) 出国留学要花不少钱。
(3) 你要在上海呆多长时间？

“快要……了”表示即将发生某种情况，也可以说成“快……了”，相当于韩语的“곧 ~할 것이다”。“快(要)……了”前面不受时间状语的修饰，但“就要……了”可以受时间状语的修饰。如：

“快要……了”는 곧 어떠한 상황이 발생할 것임을 나타내며, “快……了”라고 말할 수도 있다. 한국어의 “곧 ~할 것이다”에 해당한다. “快(要)……了” 앞에는 시간 부사어의 수식이 올 수 없으나, “就要……了” 앞에는 시간 부사어의 수식이 올 수 있다. 예:

(1) 快要下课了。(快下课了。)
(2) 这本书快要学完了。(这本书快学完了。)
(3) 你快要大学毕业了吧？(你快大学毕业了吧？)
(4) 我半年以后快(要)大学毕业了。(×)
我半年以后就要大学毕业了。(○)

除此之外，“要”还有以下两个用法：

그 밖에 “要”는 다음 두 가지의 쓰임새가 있다.

1. 表示做某事的意志，类似于韩语的“~하겠다”。如：

어떤 일을 하려고 하는 의지를 나타낸다. 한국어의 “~하겠다”와 비슷하다. 예:

(1) 这个学期我要努力学习。
(2) 我要在大公司工作。

2. 表示须要和应该，类似于韩语的"~해야겠다"或"~해야 하다"。如：

어떤 일을 마땅히 해야 함을 나타낸다. 한국어의 "~해야겠다" 혹은 "~해야 하다"와 비슷하다. 예:

(1) 他们是外国人，你说话要慢一些。
(2) 你要少吃肉，多吃水果和蔬菜。

### 3 你呀，学习起来也太拼命了。

너는 말이야, 공부했다 하면 아주 그냥 목숨을 걸어버리던데.

句中的"起来"是趋向补语，放在动词的后面，表示对某一个方面进行评论，类似于韩语的"~하는 것 보니까"或"~해 보니까"。如果动词后有宾语，"起来"的"来"应该放在宾语后面。如：

여기서 "起来"는 방향보어로서, 동사 뒤에 붙어서 어떤 관점이나 논평을 이끌어 낸다. 한국어의 "~하는 것 보니까" 혹은 "~해 보니까"와 비슷하다. 동사 뒤에 목적어가 있는 경우 "起来"의 "来"가 목적어 뒤에 붙어야 한다. 예:

(1) 说起来容易，做起来难。
(2) 这本书读起来很有意思。
(3) 他说起话来很慢。
(4) 她唱起歌来声音很好听。

### 4 我早就想去上海玩儿一趟了。

난 오래전부터 상하이에 놀러 가고 싶었어.

"早就"放在动词前面，强调某种情况或动作发生得早，相当于韩语的"훨씬 전에"或"진작부터"。如：

여기서처럼 "早就"는 동사 앞에 놓여서 어떤 상황이나 동작이 일찍이 발생하였음을 강조한다. 한국어의 "훨씬 전에" 혹은 "진작부터"에 해당한다. 예:

(1) 我早就来了，等了他很长时间。
(2) 我早就说过，他很有工作能力。
(3) 我早就准备好了，咱们出发吧。

**5 我打算一放假就回家。**

난 방학하자마자 고향에 돌아갈 예정이다.

"一……就……"表示一种动作或情况出现后紧接着发生另一种动作或情况，类似于韩语的"~하자마자"或"~할 때마다"。如：

"一……就……"형태는 어떤 동작이나 상황이 나타나고 나서 곧장 연이어 다른 동작이나 상황이 나타남을 나타낸다. 한국어의 "~하자마자" 혹은 "~할 때마다"와 비슷하다. 예:

(1) 我一到北京就给你打电话。
(2) 非常容易，你一学就会。
(3) 他一喝酒就脸红。
(4) 你这孩子，一看书就困。

注意："一"和"就"要放在主语的后面。如：

주의："一"와 "就"는 모두 주어 뒤에 놓여야 한다. 예:

(5) 王老师一来，我们就出发。(○)
一王老师来，我们就出发。(×)
王老师一来，就我们出发。(×)
一王老师来，就我们出发。(×)

**6 我打算趁寒假时间多参加几场人才招聘会。**

난 겨울방학 시간을 이용해서 좀 더 많은 인력채용박람회에 다녀볼 작정이다.

"趁"是介词，表示利用条件或机会。"趁"后面可以是名词、形容词，也可以是动词短语或小句。如：

"趁"은 개사로서 '조건이나 기회를 틈탄다'는 뜻을 나타낸다. "趁" 뒤에 명사나 형용사가 올 수 있으며, 동사구나 절도 올 수 있다. 예:

(1) 我想趁这个机会约他一起吃饭。
(2) 咖啡要趁热喝，水果要趁新鲜吃。
(3) 趁来得早预习一下课文。
(4) 趁你暑假有空儿，咱们一起去旅游吧。

预习 yùxí 예습하다

## 练习 Liànxí 연습

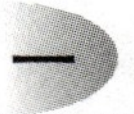

### 替换练习 바꾸어서 말하세요.

1.

| | | |
|---|---|---|
| 说实话,他成绩 | 是 | 不太好。 |
| 他的英语水平 | | 比较差。 |
| 运动完以后 | | 觉得心情很舒畅。 |
| 说实话,她 | | 怕胖,所以不敢吃太多。 |

2.

| | | |
|---|---|---|
| 李小姐,你 | 早就 | 听说过这件事吗? |
| 你慢慢吃,我 | | 饱了。 |
| 你不知道啊,师兄 | | 帮我们订好了飞机票。 |
| 送你的礼物我 | | 准备好了。 |

3.

| | | |
|---|---|---|
| 上个月我参加了两 | 场 | 人才招聘会。 |
| 我们乐队下星期有三 | | 演出,你来看吧。 |
| 一共要比赛几 | | ? 第一场跟哪个队比赛? |
| 这是今年冬天的第一 | | 雪,我已经盼了好久了。 |
| 连着下了两 | | 雨,天气凉快多了。 |
| 去年我大病了一 | | ,在家休息了六个月。 |

4.

| | |
|---|---|
| 趁 | 放假时间我可以出国旅游。 |
| | 晴天咱们去爬山吧。 |
| | 有空儿去美发厅染一下头发。 |
| | 今天天气凉快咱们去逛街吧。 |
| | 他高兴今晚让他请客。 |

5.

| | | |
|---|---|---|
| 宿舍里的条件看 | 起来 | 还不错。 |
| 汉语学 | | 不像英语那么难。 |
| 听 | | 他好像家里的经济情况不太好。 |
| 这种椅子坐 | | 很舒服。 |

## 二　选择恰当的词填空　보기에서 골라 빈칸을 채우세요.

| 终于 | 放松 | 主意 | 崩溃 | 初 | 困 | 负担 | 招聘 |
|---|---|---|---|---|---|---|---|
| 人才 | 订 | 学费 | 经济 | 拼命 | 能力 | 准备 | |

1. 昨晚我睡得很晚，所以第一节课非常________。
2. ________找到你了！你去哪儿了？
3. 对你来说，这是一个很重要的机会，你要好好________。
4. 她每天不吃早饭和晚饭，________减肥，终于减了8斤。
5. 这几天的工作太累了，咱们去海边游游泳，________一下。
6. 好________！我早就想游览颐和园，一直没有机会。
7. 作业那么多，我快要________了！
8. 这次你们公司________几个人？
9. 我们学校今年的________跟去年一样。
10. 你放心，我已经在那家饭店________了两个房间。
11. 你会英语、汉语两门外语，像你这样的________比较容易找到工作。
12. 七月________有期末考试，你要好好复习。
13. 这个学期我有六门课，学习________比较重。
14. 今年韩国的________情况比去年好一些吗？
15. 他生活________很差，不会自己洗衣服、做饭。

## 三　模仿例句改写句子　보기와 같이 바꾸어 써보세요.

*A* **例**　今晚得狂欢一下！→ 今晚**要**狂欢一下！

1. 你得按时吃药。→
2. 这件事我得跟父母商量一下。→
3. 你应该帮家里减轻经济负担。→

*B* **例**　我想打工挣钱。→ 我**要**打工挣钱。

1. 弟弟想吃冰淇淋。→
2. 他们都想回家过年。→

3. 大学毕业后我想去美国留学。→

C 例 五分钟以后下课。→ **快要**下课**了**。

1. 他两个月以后大学毕业。→
2. 明天就考完试了。→
3. 一个星期以后就放寒假了。→

D 例 到一月一定会打折。→ 到一月**准**会打折。

1. 这个时间他一定在图书馆。→
2. 他一定在房间里玩电脑游戏。→
3. 这个学期他一定拿不到奖学金。→
4. 今天晚上他们一定会开夜车。→

E 例 要是不放松一下,我就要崩溃了!
→ 不放松一下**的话**,我就要崩溃了!

1. 要是你身体不好,就不要开夜车。
→
2. 如果你还没男朋友,我可以帮你介绍一个。
→
3. 如果你想周末去北京,现在就得订火车票。
→

F 例 我一想到这件事就…… → 我**一**想到这件事**就**头疼。

1. 我一到周末就…… →
2. 我打算一拿到奖学金就…… →
3. 他一做完作业就…… →
4. 我女儿一毕业就…… →

## 四 改病句 다음의 잘못된 문장을 바르게 고쳐주세요.

例 一他学习就困。→ 他一学习就困。

1. 他干工作起来就忘了吃饭和休息。→
2. 你女儿说话起来很快。→
3. 我一说这件事就他不高兴。→
4. 每年一到冬天就这孩子生病。→
5. 最近一个月我每天每天开夜车。→
6. 我后天快要回国了。→
7. 他弹吉他得很好。→

## 五 回答问题 다음 물음에 답하세요.

1. 考试前你经常开夜车吗？
2. 考完试以后你一般怎么放松自己？
3. 你父母替你负担学费还是你自己打工挣学费？
4. 你们学校每年什么时候放暑假？什么时候放寒假？
5. 你们学校的寒假大概有多长时间？
6. 春节前容易不容易订到火车票？
7. 你什么时候大学毕业？你想毕业后做什么样的工作？

什么样 어떠한

## 六 阅读下面的短文，并谈谈你的高三生活和高考以后的心情

다음 글을 읽고 자신의 고등학교 3학년 생활과 입시 후의 심정에 대하여 이야기해 보세요.

### 高考后的狂欢

终于解放了！高考昨天结束，我终于可以放松了！我跟朋友们约好了今晚聚会狂欢，喝酒吃肉，唱歌跳舞，玩儿个通宵。虽然我也不知道能不能考上一个好大学，但是我实在不想再考第二次了。高三这一年，我真的快要崩溃了。我整整瘦了十斤！老师和父母天天监督着我的学习，我没有

周末，没有寒假和暑假，只有做不完的作业和练习题，我不拼命学都不行。当然我也知道，考一个好大学对我的前途来说很重要，但高三的生活实在是太苦了，我不能读小说，不能看漫画，不能玩儿游戏。现在我终于可以对这种生活说再见了。再见吧，高考！

| | | | | | |
|---|---|---|---|---|---|
| 高考 | gāokǎo | 대학입시 | 解放 | jiěfàng | 해방하다 |
| 结束 | jiéshù | 끝내다 | 通宵 | tōngxiāo | 온밤(을 지새다) |
| 虽然 | suīrán | 비록 ~하지만 | 前途 | qiántú | 전망. 진로 |
| 小说 | xiǎoshuō | 소설 | 漫画 | mànhuà | 만화 |

# 第十五课　舍不得你走

**Shěbude nǐ zǒu**

**너를 보내기는 정말 아쉬워**

## 生词 Shēngcí 새단어

| | | | |
|---|---|---|---|
| 1. 舍不得 | shěbude | | (헤어지기) 아쉬워하다. 아깝다 |
| 2. 机票 | jīpiào | 명 | 비행기표 |
| 3. 行李 | xíngli | 명 | 여행짐. 행장 |
| 4. 收拾 | shōushi | 동 | 정리하다. 꾸리다 |
| 5. 差不多 | chàbuduō | 형 부 | (그럭저럭) 되다. 거의 다 되다. 거의 |
| 6. 唉 | ài | 감 | 아이 참(감상, 애석의 기분을 나타냄) |
| 7. 办 | bàn | 동 | (일 따위를) 하다. 처리하다. 다루다 |
| 8. 离开 | líkāi | 동 | 떠나다. 벗어나다. 헤어지다 |
| 9. 活 | huó | 동 | 살다. 생존하다. 생활하다 |
| 10. 讲 | jiǎng | 동 | 이야기하다. 설명하다 |
| 11. 笑话 | xiàohua | 명 | 우스운 이야기. |
| 12. 涨 | zhǎng | 동 | (값이) 오르다. (수위가) 높아지다 |
| 13. 涨价 | zhǎng jià | | 값이 오르다 |
| 14. 将近 | jiāngjìn | 동 | 거의 ~에 가깝다 |

| | | | |
|---|---|---|---|
| 15. 百分之…… | bǎifēnzhī…… | | ~프로. ~퍼센트 |
| 16. 期间 | qījiān | 명 | 동안. 기간 |
| 17. 往返 | wǎngfǎn | 동 | 왕복하다 |
| 18. 单程 | dānchéng | 명 | 편도 |
| 19. 够 | gòu | 부 동 | 참으로. 충분하다. |
| 20. 起飞 | qǐfēi | 동 | (비행기가) 이륙하다 |
| 21. 那边(儿) | nàbian(r) | 대 | 그곳(쪽). 저곳(쪽) |
| 22. 检票 | jiǎn piào | | 개찰하다. 검표하다 |
| 23. 进去 | jìn qù | | 들어가다 |
| 24. 代 | dài | 동 | 대리하다. 대신하다 |
| 25. 问好 | wèn hǎo | | 안부를 묻다. 문안 드리다 |
| 26. 机场 | jīchǎng | 명 | 공항 |
| 27. 没什么 | méi shénme | | 아무 것도 아니다. 괜찮다 |
| 28. 祝 | zhù | 동 | 빌다. 기원하다 |
| 29. 一路平安 | yí lù píng'ān | | 가는 길이 줄곧 편안하시기를 빕니다 |
| 30. 护照 | hùzhào | 명 | 여권 |
| 31. 签证 | qiānzhèng | 명 | 비자 |
| 32. 所有 | suǒyǒu | 형 | 모든 |

## 课文 Kèwén 본문

1

A：泰雄， 买到 没 买到 回 国的机票？

Tàixióng, mǎidào méi mǎidào huí guó de jīpiào?

B：买到 了。后天 上午 的飞机。

Mǎidào le. Hòutiān shàngwǔ de fēijī.

A：行李 收拾 好了吗？

Xíngli shōushi hǎo le ma?

B：收拾 得 差不多了。

Shōushi de chàbuduō le.

A：唉，你走了，我 怎么 办？

ài, nǐ zǒu le, wǒ zěnme bàn?

B：怎么 办，再 交新 朋友 啊。离开我，你就活 不 了了？

Zěnme bàn, zài jiāo xīn péngyou a. Líkāi wǒ, nǐ jiù huó bu liǎo le?

A：我 是舍不得你走啊！我就 喜欢 听你讲 笑话。

Wǒ shì shěbude nǐ zǒu a! Wǒ jiù xǐhuan tīng nǐ jiǎng xiàohua.

**2**

A：机票 涨 价了没有？

Jīpiào zhǎng jià le méiyǒu?

B：涨 了 将近 百分之 二十。现在 是 春 节 期间，

Zhǎng le jiāngjìn bǎifēnzhī èrshí. Xiànzài shì Chūn Jié qījiān,

往返 机票 一 张 三千二，单程 机票 是一千七。

wǎngfǎn jīpiào yì zhāng sānqiān'èr, dānchéng jīpiào shì yìqiānqī.

A：够 贵的。飞机几点起飞？

Gòu guì de. Fēijī jǐ diǎn qǐfēi?

B：两 点 半。那边儿已经开始检 票了。

Liǎng diǎn bàn. Nàbianr yǐjing kāishǐ jiǎn piào le.

A：行，那你就进去吧。请 代我 向 你姐姐问 好。

Xíng, nà nǐ jiù jìnqu ba. Qǐng dài wǒ xiàng nǐ jiějie wèn hǎo.

B：好 的。谢谢你 专门 来 机场 送我。

Hǎo de. Xièxie nǐ zhuānmén lái jīchǎng sòng wǒ.

A：没 什么。祝你一路 平安！

Méi shénme. Zhù nǐ yí lù píng'ān!

B：再见！

Zàijiàn!

A：再见！

Zàijiàn!

## 注释 Zhùshì 설명

### 1 收拾得差不多了。 대충 다 싸놓았어.

句中的“差不多”是形容词，类似于韩语的“대충 되다”“거의 다 되어가다”“그 정도 ~하면 되다”或“비슷하다”。如：

여기서 “差不多”는 형용사로서, 한국어의 “대충 되다”,“거의 다 되어가다”, “그 정도 ~하면 되다” 혹은 “비슷하다”와 가깝다. 예:

(1) 这件事已经办得差不多了。

(2) 你玩儿得差不多了，该回家了。

(3) 他跟他哥哥长得差不多。

“差不多”还常用作副词来修饰谓语，相当于韩语的“거의”。如：

“差不多”는 부사로도 잘 쓰이며 술어를 수식한다. 한국어의 “거의”에 해당한다. 예:

(1) 我差不多等了你半个小时。

(2) 弟弟差不多跟我一样高。

(3) 差不多快考完了。

(4) 中国的朝鲜族人差不多都会说韩国语吧？

### 2 我是舍不得你走啊！ 너를 보내기는 정말 아쉬워!

“舍不得”可以表示不忍分离，也可以表示因爱惜而不忍抛弃或者使用。“舍不得”后面带名词或动词作宾语。如：

“舍不得”의 뜻은 “아쉬워하여 떨어질 수 없다” 혹은 “너무 아까워서 버리거나 사용할 수 없다”이다. “舍不得” 뒤에는 명사나 동사를 목적어로 수반한다. 예:

(1) 你舍得离开孩子吗? ——舍不得,我当然舍不得离开孩子。
(2) 我就要回国了,但是真舍不得这些中国朋友。
(3) 妈妈舍不得花钱买这么贵的衣服。
(4) 不是不爱吃,是我舍不得吃。

"舍不得"的肯定式是"舍得",但"舍得"没有"舍不得"用得多。如:

"舍不得"의 긍정형은 "舍得"이다. 그러나 "舍得"는 "舍不得"만큼 잘 쓰이지 않는다. 예:

(1) 她呀,舍得穿,舍不得吃。
(2) 你舍得把这么好的电脑送给别人吗?
(3) 一般家长都很舍得为孩子花钱。

### 3 够贵的。 참 비싸네.

句中的"够"是副词,在口语中常用来修饰形容词,句尾用"的"呼应,表示程度很高,带有感叹的语气,类似于韩语的"참으로"。如:

여기서 "够"는 부사로서, 입말에서는 보통 형용사를 수식하며 문장 끝에 "的"를 붙여서 서로 호응하게 된다. "够"는 정도가 높음을 나타내며 감탄하는 어감을 띤다. 한국어의 "참으로"와 비슷하다. 예:

(1) 你的行李够多的。
(2) 你起床起得够早的。
(3) 你可真够幸福的,有这么一个好爸爸。

"够"也常用作动词,相当于韩语的"충분하다"。"不够"相当于韩语的"모자라다"或"부족하다"。如:

"够"는 동사로도 쓰이는 경우가 많다. 한국어의 "충분하다"에 해당한다. "不够"는 한국어의 "모자라다" 혹은 "부족하다"에 해당한다. 예:

(1) 买十瓶啤酒就够了。
(2) 钱不够,怎么办?
(3) 这些钱只够花一个月。
(4) 我还没睡够呢,再让我睡一会儿。

**4 谢谢你专门来机场送我。**

일부로 공항까지 나를 배웅해줘서 정말 고마워.

句中的"送"是动词，意思是陪着离去的人一起走，相当于韩语的"배웅하다"或"데려다 주다"。如：

여기서 "送"은 동사로서, '떠나는 사람을 위하여 같이 가주다'라는 뜻이 있다. 한국어의 "배웅하다" 혹은 "데려다 주다"에 해당한다. 예:

(1) 他一直把我送到地铁站。
(2) 我每天早上开车送孩子上学。
(3) 太晚了，你一个人回去不安全，我送你回家吧。

**5 祝你一路平安！** 네가 가는 길이 줄곧 편안하길 빌게.

"祝"是动词，后面带小句，一般用来表达良好的愿望，相当于韩语的"바라다""빌다"或"기원하다"。如：

"祝"는 동사이다. "祝"뒤에 절을 붙여 보통 우호적인 소망을 나타낸다. 한국어의 "바라다", "빌다" 혹은 "기원하다"에 해당한다. 예:

(1) 祝你周末快乐！
(2) 祝爷爷奶奶身体健康！
(3) 祝你在中国过个好年！

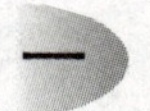


## Liànxí 연습

### 一 替换练习 바꾸어서 말하세요.

1.

| | | |
|---|---|---|
| 她哭了，因为实在 | 舍不得 | 离开这家人。 |
| 为了省钱，她 | | 坐飞机，每年都坐火车回老家。 |
| 你现在 | | 花钱，以后想花钱也没有这种机会了。 |
| 这件衣服他平时 | | 穿，只在过年过节的时候穿。 |
| 有些人可能是 | | 在外面吃，所以常常在宿舍里做饭。 |

2.

| | | |
|---|---|---|
| 时间 | 差不多 | 了，该下课了。 |
| 大家准备得 | | 了，我看可以开始了。 |
| 行李都收拾得 | | 了，明天就回国了。 |
| 我跟他情况 | | ，我也想换班。 |
| 班上的男生 | | 都去服兵役了。 |

3.

| | | |
|---|---|---|
| 我的护照什么时候能 | 办 | 好？ |
| 我们的签证已经 | | 好了，请放心。 |
| 他很有 | | 事能力，所以老板很喜欢他。 |
| 这件事让我来 | | 吧，因为我认识的人比较多。 |
| 这件事你 | | 得很漂亮，以后就这么办！ |

4.

| | | |
|---|---|---|
| 上大学 | 期间 | ，他没有花过家里一分钱。 |
| 他这个人，寒暑假 | | 也不放松学习。 |
| 春节 | | 恐怕买不到火车票。 |
| 在这家公司工作 | | ，我积累了不少经验。 |

5.

| | |
|---|---|
| 祝 | 你圣诞快乐！ |
| | 大家新年好！ |
| | 你考上一个好大学！ |
| | 你身体健康、学习进步！ |

6.

| | |
|---|---|
| 唉， | 心里真不是滋味。 |
| | 找工作好难啊！ |
| | 女朋友也离开了我。 |
| | 学费这么贵，我得打工挣钱啊！ |

## 二 练习下面数字的读法

다음 숫자에 대하여 읽는 법을 연습해 보세요.

例

| | | |
|---|---|---|
| 73% → 百分之七十三 | 1/3 → 三分之一 | 2/5 → 五分之二 |
| 0.62 → 零点六二 | 1+3 → 一加三 | 5–4 → 五减四 |
| 1400 → 一千四 | 1040 → 一千零四十 | |

| | | | | | |
|---|---|---|---|---|---|
| 1. 8% | 91% | 52% | 6.2% | 44.7% | |
| 2. 1/2 | 2/3 | 2/5 | 1/4 | 3/4 | |
| 3. 4+7 | 21–12 | 170+107 | 209–109 | | |
| 4. 1600 | 2500 | 180 | 29000 | 7020 | 56000 |

## 三 选词填空　보기에서 골라 빈칸을 채우세요.

| | | | | | | | |
|---|---|---|---|---|---|---|---|
| 一路平安 | 代 | 护照 | 签证 | 问好 | 起飞 | 离开 | 行李 |
| 收拾 | 讲 | 笑话 | 涨价 | 往返 | 机场 | 活 | 所有 |

1. 请代我向你父母________。
2. 我________了很长时间,嗓子都哑了。
3. 他病得很重,恐怕________不了多久了。
4. 听说门票又________了,以前二十块,现在三十块。
5. A: 你可真会说________,一瓶酒能有那么贵?
   B: 不是说________,真是那么贵。
6. 飞机几点钟________?
7. 我明天没事,可以去________送你。
8. 我们一共有五件________,你拿两件,我拿三件。
9. 回去见到欢英,请________我向她问好。
10. 可以让旅行社帮我们代办________和________。
11. 听说春节期间________出租车都涨价了。
12. 朋友来以前,你应该________一下你的房间。
13. 路上注意安全,办完事马上回来。祝你________。
14. 在他服兵役期间,女朋友________了他,而且跟另一个男人结婚(jié hūn 결혼하다)了。
15. 你买的是单程机票还是________机票?

## 四 模仿例句改写句子　보기와 같이 바꾸어 써보세요.

A 例　一张往返机票大概五千块钱。
→ 一张往返机票**差不多**五千块钱。

1. 他在北京大概呆了一个月。→

2. 那大概是五年以前的事了。→
3. 猪肉和牛肉的价钱大概涨了百分之十。→
4. 他妈大概把所有的钱都给他了。

B 例 有一半儿左右的学生请假。→ 有**将近**一半儿的学生请假。

1 大概到晚上八点,飞机才起飞。→
2. 买飞机票花了一千块钱左右。→
3. 他今年快要四十岁了。→
4. 我讲了差不多十遍了,他还是不懂。→

C 例 这儿的火车站检票检得真早!
→ 这儿的火车站检票检得**够**早**的**!

1. 风好大啊!→
2. 这事儿办得非常快。→
3. 这草莓和西红柿真新鲜!→
4. 你真舍得花钱啊!→

D 例 真抱歉,让你久等了。→ **没什么**,路上堵车,我也是刚到。

1. 你哪儿不舒服?→
2. 听到这样的话,你心里不高兴吧?→
3. 抱歉!最近实在太忙,陪你的时间太少了。→
4. 对不起,明天我上班,不能去机场送你。→

## 五　阅读下面的两则笑话并做复述练习

다음 두 가지의 우스운 이야기를 읽고, 책을 보지 않는 채로 다시 이야기해 보세요.

### (一) 舍不得狗

妈妈：隔壁的女孩儿真可怜！她失去了爸爸，又失去了最好的朋友——狗。冬冬，我知道你是个善良的好孩子，把你的狗送给她吧，好不好？

冬冬：不，妈妈！我可舍不得狗。我们为什么不把爸爸送给她呢？

| | | | | | |
|---|---|---|---|---|---|
| 隔壁 | gébì | 옆집 | 可怜 | kělián | 불쌍하다 |
| 失去 | shīqù | 잃어버리다 | 冬冬 | dōngdong | 똥똥(중국인 아명) |
| 狗 | gǒu | 개 | | | |

### (二) 舍不得看

爸爸：你买了这么多新书，都两个多星期了，怎么还没见你看过？

儿子：爸爸，我买到这些书可不容易了，我怎么舍得看啊！

## 六　情景会话练习　주어진 상황을 이용하여 대화를 나누어 보세요.

你的好朋友下星期就要出国了，你请客为他饯行。

| | | |
|---|---|---|
| 饯行 | jiànxíng | 송별연을 베풀다 |

# 部分练习参考答案

## 일부연습문제풀이

### 第一课

p9—p10

三 1. 自助旅行 2. 月份 3. 开学 4. 学期 5. 滋味
6. 一定 7. 第,第,第 8. 新 9. 心里 10. 开始
11. 兵役 12. 心里,滋味 13. 机会 14. 盼 15. 劝
16. 短期 17. 暑假

四 A 1. 然后又去了一趟中国。 2. 然后又给智贤打了一个电话。
3. 然后又去中国留学了一年。 4. 然后吃晚饭。
5. 然后去商店买了桌子和床。

B 1. 我劝你多交中国朋友。 2. 我劝你早点儿回韩国。
3. 我劝你去北京。 4. 我劝你少吃点儿甜的。
5. 我劝你送她九十九支玫瑰 。

C 1. 校园风景特别漂亮。
2. 我等了你特别长的时间,但是你没来。
3. 这个女孩给我的印象特别好。 4. 他唱歌唱得特别好!
5. 朴老板昨天回来得特别晚。 6. 网吧离食堂特别近!

### 第二课

p21—p23

二 1. 热烈 2. 水平 3. 任课老师,姓 4. 英雄 5. 善良
6. 黄金 7. 父亲 8. 抽烟 9. 高 10. 件
11. 鼓掌 12. 话 13. 应该 14. 重要 15. 教室

三 A 1. 安全,安全,非常安全。 2. 好吃,好吃,好吃极了。
3. 忙,忙,特别忙。 4. 请客,请客,当然请客。

B 1. 贵公司听说这件事了吗? 2. 请告诉我们贵校学生的出国时间。
3. 贵国给我的印象非常好。

C 1. 在这儿不能随便打电话。 2. 上课的时候不能随便吃东西。
3. 教学楼里不能随便抽烟。 4. 不能随便告诉他们我的电话号码。

D 1. 我来唱一支中国歌。 2. 我来帮你做这件事。
3. 我来买面包和饮料。 4. 我来给奶奶洗澡。
E 1. 我想谈谈这个大家都感兴趣的问题。 2. 你看看这本书吧,挺好的。
3. 暑假我有时间,可以学学电脑。
4. 你来介绍介绍你这几位师弟和师妹。

四 1. 对我来说父亲的意见很重要。 2. 你应该同意这件事。
3. 他说的是北京话。 4. 教室里一共有二十个留学生。
5. 我觉得英语课有点儿难。 6. 以后请黄先生多多指教。

## 第三课

p35—p39

一 1. 黑 2. 红 3. 黄 4. 绿 5. 蓝 6. 紫

三 1. 爬 2. 海边 3. 树叶 4. 景色 5. 皮肤
6. 晒 7. 季节 8. 足球 9. 舒畅 10. 拍,拍,拍
11. 游泳 12. 凉快 13. 腿 14. 周末

四 A 1. 最近我不怎么抽烟。 2. 我妹妹学习不怎么努力。
3. 他不怎么说他家里的事。 4. 他对这个工作不怎么感兴趣。
B 1. 因为天气很凉快。 2. 因为周末我没课。
3. 因为考得很好。 4. 因为昨天爬山了。
C 1. 我是在一家公司打工挣的钱。 2. 我是去年秋天认识他的。
3. 是你妈告诉我的。 4. 我是给我妈妈买的礼物。
D 1. 我更喜欢看韩国电影。 2. 我更爱吃日本菜。
3. 我更喜欢去海边游泳。 4. 我更喜欢红色。
E 1. 怪不得你这么饿! 2. 怪不得你这么高兴!
3. 怪不得你会说韩国语。 4. 怪不得班上没有男生。

## 第四课

p50—p55

一 lí → 梨　xīguā → 西瓜　pútao → 葡萄
xīhóngshì → 西红柿　huángguā → 黄瓜　báicài → 白菜
jīdàn → 鸡蛋　dòufu → 豆腐　zhūròu → 猪肉
niúròu → 牛肉

二 1. 饱 2. 打折 3. 身材 4. 号,号
5. 斤,斤,新鲜,价钱 6. 卖,畅销 7. 这样 8. 门
9. 没意思 10. 这儿 11. 照顾 12. 穿,穿
13. 课本 14. 上 15. 有意思

三 1. 140¥ →一百四 / 一百四十块钱 2. 320¥ →三百二 / 三百二十块钱
3. 990¥ →九百九 / 九百九十块钱 4. 106¥ →一百零六 / 一百零六块钱
5. 507¥ →五百零七 / 五百零七块钱 6. 17000¥ →一万七 / 一万七千块钱
7. 95000¥ →九万五 / 九万五千块钱
8. 2.40¥ → 两块四 / 两块四毛钱
9. 7.50¥ →七块五 / 七块五毛钱

五 A 1. 除了去看金老师以外,我还去看白老师。
2. 除了泰雄师兄帮我以外,几个师妹也帮我。
3. 除了在一家贸易公司打工,我还在一家咖啡厅打工。
4. 我除了星期二没课,星期四也没课。
B 1. 我姐姐今年二十二。 2. 我奶奶八十岁了。 3. 走路十分钟。
4. 他的个子一米七八。 5. 我一百零七斤。
C 1. 我最想吃葡萄。 2. 这家商店的价钱最便宜。
3. 我最喜欢紫色。 4. 我弟弟吃得最多。
D 1. 他这个人没什么朋友。 2. 没有什么味道好的菜。
3. 对不起,我没买什么礼物。
E 1. 不能再玩了。 2. 不能再吃了。
3. 不能再买了。 4. 不能再穿毛衣了。

六 一件衣服,两件衬衫,三件T恤衫;一条裤子,两条裙子,三条牛仔裤;一双鞋,两双运动鞋,三双皮鞋,四双袜子

## 第五课

p65—p68

三 1. 占线 2. 出差 3. 稍 4. 坏 5. 种
6. 陪 7. 来得及 8. 礼貌 9. 找 10. 来不及
11. 错 12. 错 13. 别人 14. 封

四 A 1. 昨天他来公司上班了没有? 2. 你听出来我的声音了没有?
3. 上个星期你接到过他的电话没有? 4. 你陪你爱人去买衣服了没有?
B 1. 他老爱玩儿。 2. 我老觉得价钱太贵。
3. 他老不理我。 4. 我老担心你身体不好。

五 1. (1) 或者 (2) 还是 (3) 还是 (4) 或者
2. (1) 刚才 (2) 刚 (3) 刚 (4) 刚才
3. (1) 又 (2) 再 (3) 又 (4) 再
4. (1) 非常 (2) 极了 (3) 极了 (4) 极了,非常

六 1. 后天→ 前天 2. 下班→ 上班 3. 来不及→ 来得及
4. 没意思→ 有意思 5. 有礼貌→ 没礼貌 6. 大号→ 小号
7. 对→ 错 8. 饿→ 饱 9. 好→ 坏

10. 父亲→ 母亲　11. 开学→ 放假　12. 贵→ 便宜

七　1. 接　2. 到,到　3. 打,占线,打不通　4. 短信,短信
5. 电,充电　6. 错　7. 位　8. 关机
9. 联系,联系,关机　10. 转告

## 第六课

p79—p81

三　1. 变　2. 哟　3. 睡懒觉　4. 迟到　5. 按时,按时
6. 向　7. 对　8. 躺　9. 请假　10. 起床
11. 嗓子　12. 大概　13. 烫　14. 劲儿　15. 摸
16. 复习

四　A 1. 爷爷正在睡觉。　2. 奶奶正在打电话。
3. 我正在吃晚饭。　4. 我跟张老板正在谈这件事。
B 1. 这次恐怕买不了电脑了。　2. 我恐怕帮不了你了。
3. 他恐怕给不了这么多钱了。　4. 我明天恐怕请不了客了。
C 1. 看来他不在家。　2. 看来这次考试很难。
3. 看来你感冒了。　4. 看来他最近比较忙。
D 1. 他点了好几个菜。　2. 弟弟很饿,吃了好几碗米饭。
3. 他向老板请了好几天假。　4. 他们一家在中国住了好几年。
E 1. 大概去一个星期。　2. 大概得一个月。
3. 大概半年时间。　4. 大概得四十分钟。

五　开,贴,写,穿,坐,放,穿,跟,躺,戴

## 第七课

p91—p95

二　1. 이 일에 대하여 그는 불만이 많음을 알아챌 수 있었어.
2. 내가 먹어보니까, 이건 시장에서 사온 김치이지 어머니가 만든 것이 아니었어.
3. 말하는 걸 들어보니까, 그는 네게 그렇게 예쁜 여자 친구가 있다는 것을 아주 부러워하고 있었어.
4. 그는 이렇게 이른 시간에 올 수 없을 테지. 나는 그가 늦잠 자는 나쁜 버릇을 고칠 수 없을 줄 알았어.
5. 너는 안심해도 좋아. 나는 아주 짜단 말이야. 돈을 그렇게 많이 쓰기야 하겠어.
6. 너무 많은 고추 가루를 넣지마. 나의 이 베이징 친구는 너무 매운 음식을 먹지 못해요.

7. 이 일에 관해 나는 너를 도울 수 없어. 너는 스스로 노력해야 해.
8. 날씨가 너무 안 좋군. 밖으로 나갈 때에 우산을 가지고 가는 걸 잊지마.
9. 나의 컴퓨터가 고장 나버렸어. 집에서 이메일을 부칠 수 없을 테지.
10. 그렇게 많은 시간이 흘러갔어도 그는 아직도 그녀를 사랑하고 있어. 그녀를 잊을 수 없었어.
11. 요 며칠 동안 한번도 그를 찾아내지 못했어요. 그의 휴대폰에 전화해보아도 연락이 되지 않았어요. 이게 도대체 어떻게 된 일이죠?
12. 서두르지 말아요. 우선 들어오시고, 무슨 일이 있다면 우리끼리 앉아서 잘 이야기 해봅시다.
13. 나는 7동 아래에서 너를 기다리고 있으니까, 차를 몰고 건너오너라.
14. 너 혼자 돌아가면 우리들이 마음이 놓이지 않아. 태웅이를 시켜 너를 데려다 주게 할게.

四 1. (1) 得　(2) 不　(3) 得　(4) 不
2. (1) 不了　(2) 不了　(3) 得了　(4) 不了
3. (1) 才　(2) 就　(3) 就　(4) 才
4. (1) 抱歉　(2) 抱歉　(3) 道歉　(4) 道歉

五 1. 电　2. 怎么回事　3. 久　4. 带　5. 泡菜
6. 站　7. 讨厌　8. 进　9. 急　10. 毛病
11. 堵车　12. 倒　13. 放　14. 生气　15. 坐
16. 关

六 A 1. 正在上课,他出不来。　2. 这么高,爷爷爬不上来。
3. 房间很小,这么大的床放不下。　4. 这么远,一个小时我走不回来。
B 1. 路上是不是堵车了?　2. 你是不是忘了充电了?
3. 你是不是向他道歉了?　4. 你是不是坐出租车来的?
C 1. 我把这件事忘了。　2. 我把韩中词典带来了。
3. 你把条件说一下。　4. 你能不能把你这个坏毛病改一下?
5. 把我忘了吧。
D 1. 你不是想买这种最新款式的手机吗?
2. 下车以后不是应该倒 20 路公共汽车吗?
3. 你不是想给手机充电吗?　4. 你不是每天都去运动场跑步吗?
E 1. 然后吃晚饭。　2. 然后点了两个菜。
3. 然后又试了一件中号的。　4. 然后才能告诉你。

F 1. 先坐地铁1号线,然后到东大门站下车。
2. 先坐城铁到五道口,然后换375路公共汽车。
3. 先坐火车去上海,然后坐飞机去青岛。
4. 我先去中国银行,然后开车陪你去飞机场。

## 第八课

p106—p109

三
1. 他唱歌唱得很好。
2. 这孩子玩游戏玩得很上瘾。
3. 很抱歉,我忘带你的书了。
4. 你这样的好学生怎么也旷课呢?
5. 你为什么这么怕谈这件事呢?
6. 我看,你比她聪明多了。
7. 刚才他去超市买东西去了。
8. 明年我想去美国或者中国留学。
9. 在这儿租公寓比在学校附近租公寓便宜得多。
10. 宿舍离食堂挺近的,走两分钟就到了。
11. 听说在韩国大学男生都得服兵役。
12. 在中国有很多好玩的地方。

四
1. 流利 2. 套 3. 贪 4. 贪 5. 口语,聊天
6. 上瘾 7. 租 8. 监督 9. 不行 10. 听力
11. 不如 12. 游戏 13. 进步 14. 外边 15. 公寓
16. 旷课

五
A 1. 那个教室没有这个教室大。
2. 小白没有小安学习努力。
3. 姐姐没有妈妈做的菜好吃。
4. 我觉得那儿没有这儿好玩儿。
B 1. 我不如妹妹学习好。
2. 那个款式不如这个款式畅销。
3. 我不如她汉字写得漂亮。
4. 弟弟不如哥哥游泳游得快。
C 1. 这家商店比那家商店便宜多了。
2. 他比我吃得多多了。
3. 我比他挣得少多了。
4. 我比他来得早多了。
D 1. 所以他还不知道这件事。
2. 所以我不能去了。
3. 所以我很生气。
4. 所以他很快找到了工作。
E 1. 你是不是想来监督我?
2. 你是不是比他大好几岁?
3. 你是不是说英语说得很流利?
4. 你们是不是想租一套大一点儿的公寓?

## 第九课

p120—p121

三
胖→瘦 大→小 长→短 饿→饱 来→去
好→坏 儿子→女儿 自己→别人 起床→睡觉 聪明→傻
难→容易

四
1. 聪明 2. 以前 3. 合 4. 水果,蔬菜 5. 受不了

6. 短　7. 胖　8. 减,减　9. 苗条　10. 油水
11. 手艺　12. 健康　13. 傻　14. 决心　12. 春天

五　A 1. 从你打工的地方到学校有多远？　2. 从食堂到网吧比较远。
3. 从图书馆到我们的教学楼只有两百米左右。
4. 从那家餐厅到银行非常近。
B 1. 你学习怎么这么努力啊！　2. 这个菜怎么这么辣啊！
3. 这双皮鞋怎么这么贵啊！　4. 这个暑假怎么这么短啊！
C 1. 我下定决心从这个星期开始早起床。
2. 我下定决心这个学期努力学习。
3. 我下定决心这个月省钱。　4. 我下定决心向他道歉。

## 第十课

p130—p135

一　游　跑　爬　球　骑　篮　棒　台　乒乓　保龄　羽毛　高尔夫

三　1. 哑　2. 喊　3. 影响　4. 运气　5. 精彩
6. 超级　7. 半天　8. 实况转播　9. 实话　10. 比分
11. 球迷　12. 加　13. 加油,加油　14. 比赛

四　1. 球 → 篮球　足球　网球　保龄球　台球　高尔夫球　乒乓球　棒球……
2. 子 → 儿子　孩子　个子　桌子　椅子　白马王子　本子……
3. 一 → 一般　一点儿　一共　一起　一直　一定　一样　一会儿　一些……
4. 打 → 打折　打扮　打工　打球　打电话……
5. 场 → 运动场　足球场　篮球场　网球场……
6. 国 → 韩国　中国　美国　英国　法国　德国……
7. 语 → 韩国语　汉语　英语　法语　日语　德语……
8. 店 → 商店　书店　饭店　肉店　花店　药店……
9. 生 → 出生　生日　学生　大学生　男生　女生　新生　生气……
10. 天 → 昨天　今天　明天　后天　星期天　秋天　春天　夏天　天气　聊天儿　每天……
11. 电 → 电话　电视　电影　电影院　电脑　电子邮件……
12. 年 → 年级　年纪　前年　去年　今天　明年　后年　每年……

五　A 1. 这个工作比以前的工作累一些。2. 今天我的运气差一些。
3. 他比我起床起得早一些。　4. 这是最新款式,价钱贵一些。
B 1. 这些杂志是我买的。　2. 那些学生的英语口语水平比较高。
3. 这些菜的味道有点儿咸。　4. 我觉得那些导游很有经验。
5. 这些问题你应该请教金先生。　6. 那些服务员可能是朝鲜族。

C 1. 你白上了三年学。 2. 我白花了很多钱。
3. 我白花了那么多时间教你。 4. 你白长这么大了。
5. 我白跟他说了半天。

D 1. 我总算写完作业了。 2. 他总算把那本书给我了。
3. 弟弟总算考上大学了。 4. 这次我总算赢了。

E 1. 东西很多,就是没有我想要的。 2. 他说了很多,就是没说实话。
3. 我挺喜欢打棒球的,就是打得不太好。
4. 他说得快是快,就是发音有点儿问题。

## 第十一课

p144—p147

二 1. 染 2. 街 3. 笑 4. 形象 5. 剪 6. 反常
7. 土气 8. 镜子 9. 哭 10. 公园 11. 俩 12. 参谋
13. 时尚 14. 成熟 15. 正好 16. 逛 17. 改变

三 A 1. 要是价钱太贵,就没人买。 2. 要是看不懂,就问老师。
3. 要是任课老师不同意,就不能换班。
4. 你要是想交男朋友,就得打扮得漂亮一点儿。

B 1. 你是不是感冒了? 2. 这本书是不是很畅销?
3. 今天早上你是不是又睡懒觉了? 4. 你是不是觉得坐出租车很贵?

C 1. 又要吃面包! 2. 又要考汉语!
3. 又要两千块钱! 4. 今天又买新衣服!

D 1. 九点了,该上课了。 2. 今天该谁请客?
3. 你们不该旷课。 4. 我觉得你不该输给他。

E 1. 我爸下星期去北京,到时候我要让他帮我买些汉语书。
2. 后天有球赛,到时候我要去运动场给我们学校的篮球队加油。
3. 星期五考完试,到时候咱们一起去喝酒、唱卡拉 OK。

四 1. 我觉得最近天气有点儿反常。 2. 朋友约我下午去打乒乓球。
3. 我想剪一个时尚点儿的发型。
4. 我正好要给我爱人买一件生日礼物。

五 动 时 像 欢 趣 厅 会 里 变

## 第十二课

p156—p159

一 暖 绿 尘;热 裙 泳;快 景 黄 红 节;冷 雪 动 胖;刮 雨 晴

二 1. 干燥 2. 眼镜 3. 气温,预报 4. 零下 5. 基督徒,圣诞节 6. 全国
7. 戴 8. 放假 9. 拿 10. 分明 11. 公休日 12. 气候

13. 暖和　　14. 老家，老家

四 A 1. 你有没有带水果和矿泉水？你带水果和矿泉水了没有？
2. 你有没有接到他的电话？你接到他的电话了没有？
3. 你有没有去北京出差？你去北京出差了没有？
4. 首尔昨天有没有下雪？首尔昨天下雪了没有？

B 1. 你洗没洗澡？　　2. 你吃没吃方便面？
3. 你去没去他家玩？　　4. 你做这个菜的时候，放没放糖？

C 1. 陈阿姨可能不会上网。　　2. 他平时可能不戴眼镜。
3. 圣诞节可能放假。　　4. 他可能不习惯这么早起床。

D 1. 他常旷课，而且上学期有两门课不及格。
2. 房间很小，而且室内也没有洗手间。
3. 在这儿打工可以挣不少钱，而且还可以积累社会经验。
4. 这儿的春天很干燥，而且也常有沙尘天气。

E 1. 如果放两个星期的假，那就太棒了！
2. 如果我赢了，你就请我吃北京烤鸭。
3. 如果你不放心，就给他发一条短信。
4. 如果有这么多球迷，那拉拉队的声音一定很大。

## 第十三课

p170—p173

二 1. 晕　　2. 生活　　3. 干杯　　4. 剩　　5. 替
6. 成绩　　7. 社团　　8. 乐队　　9. 压力　　10. 承认
11. 活动　　12. 帅　　13. 枯燥　　14. 认　　15. 聚会
16. 有意思

四 A 1. 哥哥比我饭量大多了。　　2. 这门课比那门课有意思多了。
3. 姐姐的成绩比我好多了。　　4. 三年级比二年级学习压力大多了。

B 1. 雨越下越大了。　　2. 弟弟的个子越长越高了。
3. 你身体越不好越得经常运动。

C 1. 春天到了，天气越来越暖和。　　2. 圣诞节越来越近了。
3. 他汉语说得越来越流利了。　　4. 我的肚子疼得越来越厉害。

D 1. 不行了，我得回家了。　　2. 不行了，我已经吃得很饱了。
3. 不行了，没钱了。

E 1. 今天我累得厉害。　　2. 你呀，傻得厉害。
3. 这家商店的东西贵得厉害。

F 1. 没事儿，我晚点儿回家没关系。　　2. 没事儿，我替你唱。
3. 没事儿，你用我的手机。

## 第十四课

p185—p187

二 1. 困　2. 终于　3. 准备　4. 拼命　5. 放松
6. 主意　7. 崩溃　8. 招聘　9. 学费　10. 订
11. 人才　12. 初　13. 负担　14. 经济　15. 能力

三 A 1. 你要按时吃药。　2. 这件事我要跟父母商量一下。
3. 你要帮家里减轻经济负担。
B 1. 弟弟要吃冰淇淋。　2. 他们都要回家过年。
3. 大学毕业后我要去美国留学。
C 1. 他快要大学毕业了。　2. 快要考完试了。
3. 快要放寒假了。
D 1. 这个时间他准在图书馆。　2. 他准在房间里玩电脑游戏。
3. 这个学期他准拿不到奖学金。　4. 今天晚上他们准开夜车。
E 1. 你身体不好的话,就不要开夜车。
2. 你还没男朋友的话,我可以帮你介绍一个。
3. 你想周末去北京的话,现在就得订火车票。
F 1. 我一到周末就去公园玩儿。
2. 我打算一拿到奖学金就给爷爷买生日礼物。
3. 他一做完作业就开始看电视。
4. 我女儿一毕业就找到了工作。

四 1. 他干起工作来就忘了吃饭和休息。2. 你女儿说起话来很快。
3. 我一说这件事他就不高兴。　4. 每年一到冬天这孩子就生病。
5. 最近一个月我天天开夜车。　6. 我后天就要回国了。
7. 他弹吉他弹得很好。

## 第十五课

p197—p198

三 1. 问好　2. 讲　3. 活　4. 涨价　5. 笑话,笑话
6. 起飞　7. 机场　8. 行李　9. 代　10. 护照,签证
11. 所有　12. 收拾　13. 一路平安　14. 离开　15. 往返

四 A 1. 他在北京差不多呆了一个月。　2. 那差不多是五年以前的事了。
3. 猪肉和牛肉的价钱差不多涨了百分之十。
4. 他妈差不多把所有的钱都给他了。
B 1. 将近到晚上八点,飞机才起飞。　2. 买飞机票花了将近一千块钱。
3. 他今年将近四十岁了。　4. 我讲了将近十遍了,他还是不懂。
C 1. 风够大的!　2. 这事儿办得够快的。
3. 这草莓和西红柿够新鲜的!　4. 你够舍得花钱的!
D 1. 没什么,就是肚子有点不舒服。　2. 没什么,他说的是实话。
3. 没什么,我一个人过得挺好。　4. 没什么,我行李很少。

# 词汇索引

## 단어 색인


**A**

| | | |
|---|---|---|
| 阿姨 | āyí | 9 |
| 哎哟 | āiyō | 6 |
| 唉 | ài | 15 |
| 爱人 | àiren | 5 |
| 按时 | ànshí | 6 |
| 熬夜 | áo yè | 6 |

**B**

| | | |
|---|---|---|
| 把 | bǎ | 7 |
| 白 | bái | 10 |
| 百分之…… | bǎifēnzhī…… | 15 |
| 办 | bàn | 15 |
| 半天 | bàntiān | 10 |
| 棒 | bàng | 1 |
| 饱 | bǎo | 4 |
| 抱歉 | bàoqiàn | 7 |
| 本来 | běnlái | 10 |
| 崩溃 | bēngkuì | 14 |
| 比 | bǐ | 8 |
| 比分 | bǐfēn | 10 |
| 比赛 | bǐsài | 10 |
| 毕业 | bì yè | 14 |
| 变 | biàn | 6 |
| 表示 | biǎoshì | 2 |
| 别人 | biéren | 5 |
| 病 | bìng | 6 |
| 不如 | bùrú | 8 |
| 不舒服 | bù shūfu | 6 |

**C**

| | | |
|---|---|---|
| 才 | cái | 7 |
| 参加 | cānjiā | 10 |
| 参谋 | cānmou | 11 |
| 草莓 | cǎoméi | 4 |
| 差 | chà | 10 |
| 差不多 | chàbuduō | 15 |
| 长 | cháng | 1 |
| 场 | chǎng | 14 |
| 畅销 | chàngxiāo | 4 |
| 超级 | chāojí | 10 |
| 车 | chē | 7 |
| 趁 | chèn | 14 |
| 成绩 | chéngjì | 13 |
| 成熟 | chéngshú | 11 |
| 承认 | chéngrèn | 13 |
| 迟到 | chídào | 6 |
| 抽烟 | chōu yān | 2 |
| 初 | chū | 14 |
| 出 | chū | 7 |
| 出差 | chū chāi | 5 |
| 出发 | chūfā | 14 |
| 出来 | chū lái | 5 |
| 出勤 | chūqín | 8 |
| 出租车 | chūzūchē | 7 |
| 除了……以外 | chúle……yǐwài | 4 |

| | | |
|---|---|---|
| 穿 | chuān | 4 |
| 春天 | chūntiān | 9 |
| 聪明 | cōngming | 9 |
| 从 | cóng | 9 |
| 错 | cuò | 5 |

D

| | | |
|---|---|---|
| 大概 | dàgài | 6 |
| 大海 | dàhǎi | 3 |
| 大号(儿) | dàhào(r) | 4 |
| 大家 | dàjiā | 2 |
| 打算 | dǎsuan | 11 |
| 打折 | dǎ zhé | 4 |
| 呆 | dāi | 1 |
| 大夫 | dàifu | 6 |
| 代 | dài | 15 |
| 带 | dài | 7 |
| 戴 | dài | 12 |
| 单程 | dānchéng | 15 |
| 倒 | dǎo | 7 |
| 道歉 | dào qiàn | 7 |
| 到时候 | dào shíhou | 11 |
| ……的话 | ……dehuà | 14 |
| 第 | dì | 1 |
| 地铁 | dìtiě | 7 |
| 点钟 | diǎnzhōng | 10 |
| 电子邮件 | diànzǐ yóujiàn | 5 |
| 订 | dìng | 14 |
| 懂 | dǒng | 7 |
| 冬天 | dōngtiān | 12 |
| 东西 | dōngxi | 8 |
| 堵车 | dǔ chē | 7 |
| 度 | dù | 12 |
| 短 | duǎn | 9 |
| 短期 | duǎnqī | 1 |
| 队 | duì | 10 |
| 对……来说 | duì……láishuō | 2 |

E

| | | |
|---|---|---|
| 额头 | étóu | 6 |
| 而且 | érqiě | 12 |
| 儿子 | érzi | 9 |

F

| | | |
|---|---|---|
| 发 | fā | 5 |
| 发烧 | fā shāo | 6 |
| 发现 | fāxiàn | 13 |
| 发音 | fāyīn | 10 |
| 发型 | fàxíng | 11 |
| 反常 | fǎncháng | 11 |
| 饭量 | fànliàng | 13 |
| 放 | fàng | 7/14 |
| 放假 | fàng jià | 12 |
| 放松 | fàngsōng | 14 |
| 分明 | fēnmíng | 12 |
| 封 | fēng | 5 |
| 风 | fēng | 12 |
| 服兵役 | fú bīngyì | 1 |
| 父亲 | fùqin | 2 |
| 负担 | fùdān | 14 |
| 附近 | fùjìn | 8 |
| 复习 | fùxí | 6 |

G

| | | |
|---|---|---|
| 该 | gāi | 11 |
| 改 | gǎi | 7 |
| 改变 | gǎibiàn | 11 |
| 干杯 | gān bēi | 13 |
| 干燥 | gānzào | 12 |
| 敢 | gǎn | 13 |
| 感冒 | gǎnmào | 6 |
| 干 | gàn | 8 |

| | | |
|---|---|---|
| 刚 | gāng | 5 |
| 刚才 | gāngcái | 5 |
| 高 | gāo | 2 |
| 个儿 | gèr | 4 |
| 更 | gèng | 3 |
| 公共汽车 | gōnggòng qìchē | 7 |
| 公休日 | gōngxiūrì | 12 |
| 公寓 | gōngyù | 8 |
| 公园 | gōngyuán | 11 |
| 够 | gòu | 15 |
| 鼓掌 | gǔ zhǎng | 2 |
| 刮 | guā | 12 |
| 关 | guān | 7 |
| 逛 | guàng | 11 |
| 过年 | guò nián | 14 |

**H**

| | | |
|---|---|---|
| 哈 | hā | 8 |
| 还是 | háishi | 3/5 |
| 孩子 | háizi | 8 |
| 海边 | hǎibiān | 3 |
| 寒假 | hánjià | 14 |
| 喊 | hǎn | 10 |
| 好玩儿 | hǎowánr | 1 |
| 好像 | hǎoxiàng | 9 |
| 号(儿) | hào(r) | 4 |
| 合 | hé | 9 |
| 黑 | hēi | 3 |
| 红 | hóng | 3 |
| 护照 | hùzhào | 15 |
| 花 | huā | 7 |
| 话 | huà | 2 |
| 坏 | huài | 5 |
| 欢迎 | huānyíng | 2 |
| 黄金 | huángjīn | 2 |
| 黄善英 | Huáng Shànyīng | 2 |
| 回 | huí | 14 |
| 回国 | huí guó | 9 |
| 会 | huì | 12 |
| 浑身 | húnshēn | 6 |
| 活 | huó | 15 |
| 活动 | huódòng | 13 |
| 或者 | huòzhě | 5 |

**J**

| | | |
|---|---|---|
| 机场 | jīchǎng | 15 |
| 机会 | jīhuì | 1 |
| 机票 | jīpiào | 15 |
| 基督徒 | jīdūtú | 12 |
| 及格 | jí gé | 8 |
| 吉他 | jíta | 13 |
| 极了 | jíle | 1 |
| 记得 | jìde | 13 |
| 季节 | jìjié | 3 |
| 急 | jí | 7 |
| 家里 | jiā li | 14 |
| 价钱 | jiàqian | 4 |
| 加 | jiā | 10 |
| 加油 | jiā yóu | 10 |
| 监督 | jiāndū | 8 |
| 减 | jiǎn | 9 |
| 减肥 | jiǎn féi | 9 |
| 减轻 | jiǎnqīng | 14 |
| 检票 | jiǎn piào | 15 |
| 件 | jiàn | 2 |
| 健康 | jiànkāng | 9 |
| 剪 | jiǎn | 11 |
| 将近 | jiāngjìn | 15 |
| 讲 | jiǎng | 15 |
| 教 | jiāo | 8 |

| 词语 | 拼音 | 课 |
|---|---|---|
| 教室 | jiàoshì | 2 |
| 接 | jiē | 5 |
| 街 | jiē | 11 |
| 斤 | jīn | 4 |
| 进 | jìn | 7 |
| 进步 | jìnbù | 8 |
| 进去 | jìn qù | 15 |
| 劲儿 | jìnr | 6 |
| 精彩 | jīngcǎi | 10 |
| 经济 | jīngjì | 14 |
| 景色 | jǐngsè | 3 |
| 镜子 | jìngzi | 11 |
| 久 | jiǔ | 7 |
| 酒量 | jiǔliàng | 13 |
| 就是 | jiùshì | 10 |
| 聚会 | jùhuì | 13 |
| 决心 | juéxīn | 9 |

K

| 词语 | 拼音 | 课 |
|---|---|---|
| 咖啡色 | kāfēisè | 4 |
| 开 | kāi | 7 |
| 开始 | kāishǐ | 1 |
| 开学 | kāi xué | 1 |
| 开药 | kāi yào | 6 |
| 开夜车 | kāi yèchē | 14 |
| 看来 | kànlái | 6 |
| 咳嗽 | késou | 6 |
| 课本 | kèběn | 4 |
| 可能 | kěnéng | 12 |
| 恐怕 | kǒngpà | 6 |
| 口味 | kǒuwèi | 9 |
| 口语 | kǒuyǔ | 8 |
| 哭 | kū | 11 |
| 枯燥 | kūzào | 13 |
| 快乐 | kuàilè | 11 |
| 款式 | kuǎnshì | 4 |
| 狂欢 | kuánghuān | 14 |
| 旷课 | kuàng kè | 8 |
| 困 | kùn | 14 |

L

| 词语 | 拼音 | 课 |
|---|---|---|
| 拉拉队 | lālāduì | 10 |
| 辣子鸡丁(儿) | Làzi jīdīng(r) | 9 |
| 来得及 | láidejí | 5 |
| 老 | lǎo | 5 |
| 老家 | lǎojiā | 12 |
| 冷 | lěng | 12 |
| 离开 | líkāi | 15 |
| 理 | lǐ | 5 |
| 里 | lǐ | 1 |
| 礼貌 | lǐmào | 5 |
| 厉害 | lìhai | 13 |
| 俩 | liǎ | 11 |
| 连着 | liánzhe | 6 |
| 恋爱 | liàn'ài | 11 |
| 凉快 | liángkuai | 3 |
| 聊天(儿) | liáotiān(r) | 8 |
| 了 | liǎo | 6 |
| 零下 | língxià | 12 |
| 另外 | lìngwài | 13 |
| 流鼻涕 | liú bítì | 6 |
| 流利 | liúlì | 8 |
| 留学 | liú xué | 1 |
| 龙浩 | Lónghào | 13 |
| 路 | lù | 7 |
| 旅游 | lǚyóu | 1 |
| 绿色 | lǜsè | 4 |

M

| 词语 | 拼音 | 课 |
|---|---|---|
| 马上 | mǎshàng | 9 |
| 卖 | mài | 4 |

| | | |
|---|---|---|
| 毛病 | máobìng | 7 |
| 毛衣 | máoyī | 4 |
| 没什么 | méi shénme | 15 |
| 没事(儿) | méi shì(r) | 13 |
| 美 | měi | 3 |
| 美发厅 | měifàtīng | 11 |
| 门 | mén | 4 |
| 门(儿) | mén(r) | 8 |
| 猛 | měng | 9 |
| 苗条 | miáotiao | 9 |
| 摸 | mō | 6 |
| 母亲 | mǔqin | 2 |

N

| | | |
|---|---|---|
| 拿 | ná | 14 |
| 那边(儿) | nàbian(r) | 15 |
| 那还用说 | nà hái yòng shuō | 10 |
| 拿……来说 | ná……lái shuō | 12 |
| 难 | nán | 2 |
| 男生 | nánshēng | 1 |
| 能力 | nénglì | 14 |
| 女大十八变 | nǚ dà shíbā biàn | 13 |
| 女儿 | nǚ'ér | 9 |
| 暖和 | nuǎnhuo | 12 |

P

| | | |
|---|---|---|
| 爬山 | pá shān | 3 |
| 怕 | pà | 8 |
| 拍 | pāi | 3 |
| 盼 | pàn | 1 |
| 胖 | pàng | 9 |
| 泡菜 | pàocài | 7 |
| 陪 | péi | 5 |
| 皮肤 | pífū | 3 |
| 便宜 | piányi | 4 |
| 票 | piào | 10 |
| 拼命 | pīn mìng | 14 |
| 平时 | píngshí | 3 |
| 苹果 | píngguǒ | 4 |

Q

| | | |
|---|---|---|
| 期间 | qījiān | 15 |
| 起床 | qǐ chuáng | 6 |
| 起飞 | qǐfēi | 15 |
| 起来 | qǐ lái | 14 |
| 气候 | qìhòu | 12 |
| 气温 | qìwēn | 12 |
| 签证 | qiānzhèng | 15 |
| 前天 | qiántiān | 5 |
| 瞧 | qiáo | 4 |
| 晴 | qíng | 12 |
| 情况 | qíngkuàng | 8 |
| 请假 | qǐng jià | 6 |
| 秋高气爽 | qiū gāo qì shuǎng | 3 |
| 秋天 | qiūtiān | 3 |
| 求 | qiú | 8 |
| 球迷 | qiúmí | 10 |
| 球赛 | qiúsài | 10 |
| 全国 | quánguó | 12 |
| 劝 | quàn | 1 |

R

| | | |
|---|---|---|
| 然后 | ránhòu | 1 |
| 染 | rǎn | 11 |
| 热 | rè | 3 |
| 热烈 | rèliè | 2 |
| 人才 | réncái | 14 |
| 人才招聘会 | réncái zhāopìnhuì | 14 |
| 认 | rèn | 13 |
| 任课老师 | rènkè lǎoshī | 2 |
| 容易 | róngyì | 9 |
| 如果 | rúguǒ | 12 |

S

| | | |
|---|---|---|
| 嗓子 | sǎngzi | 6 |
| 沙尘 | shāchén | 12 |
| 傻 | shǎ | 9 |
| 晒 | shài | 3 |
| 山 | shān | 3 |
| 善良 | shànliáng | 2 |
| 商量 | shāngliang | 2 |
| 上班 | shàng bān | 5 |
| 上海 | Shànghǎi | 14 |
| 上网 | shàng wǎng | 5 |
| 上瘾 | shàng yǐn | 8 |
| 舍不得 | shěbude | 15 |
| 社团 | shètuán | 13 |
| 身材 | shēncái | 4 |
| 生活 | shēnghuó | 13 |
| 生气 | shēng qì | 7 |
| 声音 | shēngyīn | 5 |
| 剩 | shèng | 13 |
| 圣诞节 | Shèngdàn Jié | 12 |
| 实况转播 | shíkuàng zhuǎnbō | 10 |
| 时尚 | shíshàng | 11 |
| 实在 | shízài | 13 |
| 试 | shì | 4 |
| 收 | shōu | 5 |
| 收拾 | shōushi | 15 |
| 手艺 | shǒuyì | 9 |
| 瘦 | shòu | 9 |
| 受得了 | shòu de liǎo | 9 |
| 受……影响 | shòu……yǐngxiǎng | 10 |
| 输 | shū | 10 |
| 蔬菜 | shūcài | 9 |
| 舒畅 | shūchàng | 3 |
| 暑假 | shǔjià | 1 |
| 树 | shù | 3 |
| 树叶 | shùyè | 3 |
| 帅 | shuài | 13 |
| 水果 | shuǐguǒ | 9 |
| 水平 | shuǐpíng | 2 |
| 睡 | shuì | 6 |
| 睡懒觉 | shuì lǎnjiào | 6 |
| 说实话 | shuō shíhuà | 10 |
| 四季 | sìjì | 12 |
| 随便 | suíbiàn | 2 |
| 所以 | suǒyǐ | 8 |
| 所有 | suǒyǒu | 15 |

T

| | | |
|---|---|---|
| 贪 | tān | 8 |
| 谈 | tán | 2 |
| 弹 | tán | 13 |
| 躺 | tǎng | 6 |
| 趟 | tàng | 1 |
| 烫 | tàng | 6/11 |
| 烫发 | tàng fà | 11 |
| 讨厌 | tǎoyàn | 7 |
| 套 | tào | 8 |
| 特别 | tèbié | 1 |
| 疼 | téng | 3 |
| 踢 | tī | 3 |
| 替 | tì | 13 |
| 天气 | tiānqì | 3 |
| 天气预报 | tiānqì yùbào | 7 |
| 听 | tīng | 5 |
| 听力 | tīnglì | 8 |
| 通 | tōng | 7 |
| 同意 | tóngyì | 2 |
| 头 | tóu | 6 |
| 头发 | tóufa | 11 |

| 词语 | 拼音 | 课 |
|---|---|---|
| 土气 | tǔqì | 11 |
| 腿 | tuǐ | 3 |

**W**

| 词语 | 拼音 | 课 |
|---|---|---|
| 外边(儿) | wàibian(r) | 8 |
| 外地 | wàidì | 5 |
| 万 | wàn | 4 |
| 王 | Wáng | 2 |
| 王丽 | Wáng Lì | 5 |
| 往返 | wǎngfǎn | 15 |
| 忘 | wàng | 7 |
| 为 | wèi | 13 |
| 为什么 | wèi shénme | 3 |
| 喂 | wèi/wéi | 5 |
| 问好 | wèn hǎo | 15 |
| 问题 | wèntí | 11 |
| 五道口 | Wǔdàokǒu | 8 |

**X**

| 词语 | 拼音 | 课 |
|---|---|---|
| 西单 | Xīdān | 11 |
| 西直门 | Xīzhímén | 7 |
| 习惯 | xíguàn | 12 |
| 下 | xià | 7 |
| 下定决心 | xiàdìng juéxīn | 9 |
| 夏天 | xiàtiān | 3 |
| 先是 | xiānshi | 1 |
| 香山 | Xiāng Shān | 3 |
| 想 | xiǎng | 5 |
| 向 | xiàng | 6 |
| 像 | xiàng | 8 |
| 小号(儿) | xiǎohào(r) | 4 |
| 笑 | xiào | 11 |
| 笑话 | xiàohua | 15 |
| 写 | xiě | 8 |
| 心 | xīn | 1 |
| 心情 | xīnqíng | 3 |
| 心里不是滋味儿 | xīn li bú shì zīwèir | 1 |
| 新 | xīn | 1 |
| 新疆 | Xīnjiāng | 1 |
| 新鲜 | xīnxiān | 4 |
| 信 | xìn | 8 |
| 行李 | xíngli | 15 |
| 形象 | xíngxiàng | 11 |
| 姓 | xìng | 2 |
| 学费 | xuéfèi | 14 |
| 学期 | xuéqī | 1 |
| 雪 | xuě | 12 |

**Y**

| 词语 | 拼音 | 课 |
|---|---|---|
| 压力 | yālì | 13 |
| 哑 | yǎ | 10 |
| 呀 | ya | 1 |
| 颜色 | yánsè | 4 |
| 演出 | yǎnchū | 13 |
| 眼镜(儿) | yǎnjìng(r) | 12 |
| 摇滚 | yáogǔn | 13 |
| 要是 | yàoshi | 11 |
| 一定 | yídìng | 1 |
| 一会儿 | yíhuìr | 6 |
| 一路平安 | yílù píng'ān | 15 |
| 一些 | yìxiē | 10 |
| 一样 | yíyàng | 1 |
| 衣服 | yīfu | 4 |
| 以后 | yǐhòu | 2 |
| 以前 | yǐqián | 9 |
| 意见 | yìjiàn | 2 |
| 意思 | yìsi | 4 |
| 阴 | yīn | 12 |
| 因为 | yīnwèi | 3 |
| 音乐 | yīnyuè | 13 |
| 隐形眼镜(儿) | yǐnxíng yǎnjìng(r) | 12 |

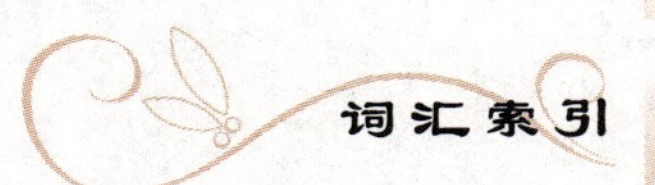



| | | |
|---|---|---|
| 印象 | yìnxiàng | 1 |
| 应该 | yīnggāi | 2 |
| 英雄 | yīngxióng | 2 |
| 赢 | yíng | 10 |
| 哟 | yō | 6 |
| 油 | yóu | 10 |
| 油水 | yóushui | 9 |
| 邮箱 | yóuxiāng | 5 |
| 游戏 | yóuxì | 8 |
| 游泳 | yóu yǒng | 3 |
| 有意思 | yǒu yìsi | 13 |
| 雨 | yǔ | 12 |
| 约 | yuē | 10 |
| 月份 | yuèfèn | 1 |
| 乐队 | yuèduì | 13 |
| 越……越…… | yuè……yuè…… | 13 |
| 晕 | yūn | 13 |
| 运气 | yùnqi | 10 |

Z

| | | |
|---|---|---|
| 怎么回事 | zěnme huí shì | 7 |
| 站 | zhàn | 7 |
| 占线 | zhàn xiàn | 5 |
| 张欢英 | Zhāng Huānyīng | 9 |
| 长 | zhǎng | 9 |
| 涨 | zhǎng | 15 |
| 涨价 | zhǎng jià | 15 |
| 招聘 | zhāopìn | 14 |
| 找 | zhǎo | 5 |
| 照 | zhào | 11 |
| 照顾 | zhàogù | 4 |
| 着 | zhe | 6 |
| 这儿 | zhèr | 4 |
| 这样 | zhèyàng | 4 |
| 真的 | zhēnde | 8 |
| 整整 | zhěngzhěng | 9 |
| 正好 | zhènghǎo | 11 |
| 正在 | zhèngzài | 6 |
| 指教 | zhǐjiào | 2 |
| 中号(儿) | zhōnghào(r) | 4 |
| 终于 | zhōngyú | 14 |
| 种 | zhǒng | 5 |
| 重 | zhòng | 4 |
| 重要 | zhòngyào | 2 |
| 周末 | zhōumò | 3 |
| 主意 | zhúyi | 14 |
| 祝 | zhù | 15 |
| 专门 | zhuānmén | 8 |
| 转播 | zhuǎnbō | 10 |
| 准 | zhǔn | 14 |
| 准备 | zhǔnbèi | 14 |
| 自己 | zìjǐ | 3 |
| 自我 | zìwǒ | 2 |
| 自助旅行 | zìzhù lǚxíng | 1 |
| 总算 | zǒngsuàn | 10 |
| 租 | zū | 8 |
| 足球 | zúqiú | 3 |
| 最 | zuì | 4 |
| 醉 | zuì | 13 |
| 昨晚 | zuówǎn | 10 |
| 左右 | zuǒyòu | 12 |
| 坐 | zuò | 7 |